邪馬台国誕生へ

「二系民族説」で読み解く

金印の謎

Goto Koji

後藤耕二

はじめに

コロナ禍を生きるすべてのライフロング・ラーナーに捧げる

金印出土地・志賀島とは

志賀の海人（あま）は　藻（め）刈り塩焼き　いとまなみ　髪梳（けずり）の小櫛　取りも見なくに

——石川小郎（君子）作

・『万葉集』に納められた一首。（巻三・二七八）大宰小弐石川少郎作。（筆者解：ふんだんにあしらわれた声母「い」音が印象的な秀歌）集中「志賀」というこの島の名を読み入れた歌は二〇首を超えるという。
・万葉仮名原文：然之海人者　軍布苅汐焼　無暇　髪梳乃小櫛　取毛不見久尒
・歌の意味：毎日はげしい生業にたずさわって働き暮す志賀の海人のなりふりを構う暇もない身の上であることよ
・歌碑所在地：志賀島北部の休暇村海岸

（この項は小冊子「志賀島の万葉歌碑と史跡ごあんない」から摘記）

福岡市北辺の一角に浮かぶ志賀島（挿図1、2）は潮汐によって時に島となり時に陸繋島となる。島に近い砂洲の最狭部に沿って約五〇メートル長のコンクリート橋が架かり、満潮時には橋梁下に潮路ができかろうじて島となるが汐が引くと陸繋島に戻る。江戸後期の絵図

挿図１　志賀島　福岡市提供　＊湾奥に福岡市街、後背に背振山塊が見える

では島は陸繋島として描かれ、歩いて渡島できたようであるが、先史時代ではどうであっただろうか。島は風光明媚な海岸線を持つ自然豊かな景勝地として今は玄海国定公園の一部に指定され、島へと延びる砂嘴である海の中道ともども春夏秋冬多くの観光客を集める。日本大百科全書電子版によると島は「周囲一一キロメートル、面積五・七二平方キロメートル」であり、平面図で見れば空豆のような楕円形をなす。北・東海岸は玄界灘の大波が打ち付け荒磯が続くが南・西側は博多湾の内海に面し波は穏やかである。海岸沿いに周回道路が巡り、島の山中を貫く林道の中間にある一六九メートルの最高標点には「潮見公園」が設営され、そこの展望台は福岡市街地や太宰府方面、宗像方面、糸島方面を始め全方位がパノラミックに見渡される島随一の

景勝地。快晴時には洋上遥かに世界文化遺産の島・沖ノ島が幻のように望まれる。

博多湾に臨んで南東側に志賀、西側に弘、北側に勝馬の三つの集落が点在し、そのうち志賀と弘には漁港があり、勝馬には多少の農地が拡がる。住民は漁業、ビワやイチゴ、柑橘栽培などの農業、食堂やホテル、割烹旅館などの観光業、あるいは福岡市街地で働くことで生計を立てる。海の守り神「綿津見三神」を祭る志賀海（しかうみ）神社や敵兵二〇〇人余りが斬首され野葬されたと伝えられる元寇古戦場跡などの名勝・史跡も残る。また一〇基を数える万葉歌碑が島内の各所に建てられ、古く奈良時代ごろには風光明媚な島として名を知られていたことを窺わせる。島は一〇世紀前半の撰になる『和名抄』には糟屋郡志珂郷（しかごう）と記載されているというが、藩政期には黒田藩領の一角として那珂郡志賀嶋村と呼ばれ、明治期から糟屋郡志賀村、戦後は志賀町となり、一九七一年の合併後は福岡市東区志賀島と地名表示される。

挿図２　志賀島地図　金印公園掲示板

しかしこの島が教科書に載るほど有名になったのは、むろんこれから述べる江戸後期における『金印』（**挿図3**）発見によってであった。

挿図３ 金印封泥模型 ＊本来は粘土に型押しする　凹凸が逆転

「二系民族説」で読み解く「金印」の謎——目次

Chapter 9

あとがき

Chapter 10

寄稿

I

金印にまつわる三つの謎

金印は本物か偽物か――日本の誰が受け取ったか――なぜ志賀島に埋められたか

『金印』は一七八四年（天明四）二月二三日に現・福岡市東区志賀島叶崎あたりの博多湾側海際で発見されたとされる。一九一三年九州帝国大学医科大学教授・中山平次郎らが発見地を確定するための実地踏査を行い、推定された地に「漢委奴國金印発光之處」の記念碑を建て、今そこは周囲を含めて金印公園（**挿図４**）として整備されている。公表されている金印の計測結果によると、四辺を平均した一辺の長さは二・三四七センチメートル、高さは二・二三六センチメートル、重さは一〇八・七二九グラム。後漢時代では一寸の規格は二・三五センチメートルであったことが分かっており、一辺の長さは後漢時代の一寸にほぼぴったり一致する。また蛍光Ｘ線分析による金属組成の調査から得られた金：銀：銅＝九五・一：四・五：〇・五の比率は前漢終期から後漢中期までの金製品の組成とあらかた合致することがす

挿図４　金印推定出土地（金印公園） ＊正確には手前道路の左手中程とされる

でに三〇年前に指摘されている。一九五四年国宝指定。発見以来、金印についてはその重要性にかんがみ、実に多様な見解が示されてきた。その喧しい状況は二三〇年以上が経過したこんにちに至っても変わらない。のっけから本題突入で慌ただしい話となるが、争点を簡略にまとめれば、

一　金印は本物か偽物か
二　篆刻文字で示された金印の受贈者は誰か
三　なぜ辺鄙な志賀島に埋められたか（実際は意想外すぎて争点にすらならなかったが）

の三点に尽きる。見通し良く読み進められるよう先に結論を述べておこう。筆者は、

一　金印は本物
二　受贈者はアイヌ人（別名縄文人：本文では随時使い分けた）
三　志賀島に埋められたのはこの宝物を携えたアイヌ人一党がこの島で攻め滅ぼされたから

と考える。これらは互いに独立した事象ではなく、強く連関しあっているはず。アイヌ人＝縄文人＝金印の受贈者、とする考えは荒唐無稽すぎて眉唾と感じられるかもしれないが、決してそうではないと以下に申し立てたい。この結論を導き出すのに援用した個々のデータはさまざまな形ですでに巷間に出回っている。したがって読み進めるに従い多少の既視感をもって本論の妥当さが読み取られるはずである。本論に新規さがあるとすれば、それはいわばパラダイム・チェンジ、つまり同じデータを別角度から関連付け読み直すことによって得られた成果と言ってよい。この提言によって、願わくは、いわばボタンの掛け違いから引き起こされた縄文・弥生研究の混迷が一貫した理路のもとで幾分でも解きほぐされるよう期待する。

いま「ボタンの掛け違い」と書いたが、その意図を説明しておこう。神話もどきは別として、日本人はもとをたどれば縄文人にたどり着く一系民族だとする考えが掛け違いの元であった。このいわゆる一系民族説ではかつて二とおりの考え方が交代し、初期説では縄文人が稲作農耕を始めたことで栄養状態が改善し、顔つきや体形などの形質が変わって弥生人になり、現代日本人に繋がったという。これは「変形説」と呼ばれた。しかしこのいわば食事原因説は、縄文人の著しい体形や相貌の特異性が比較的短期間に一挙に失われ、弥生的形質に入れ替わったことの説明には不十分であった。そのため最近では新説の「混血説」が主流となり、縄文人が渡来人と〝平和的〟に混血することで体形が変わり現代日本人の祖先である弥生人誕生に繋がったとする考えにほぼ落着したようである。戦闘行為を想定しない後者のいわゆる「二重構造モデル」をふくむ一系民族説では、純血の縄文人は、一部の地域を除きとうに二千数百年前に人種的には消滅したことになる。したがって略説すれば新しく生まれた弥生人（現生日本人の祖）は縄文系と渡来系との形質を相応にあわせ持っているはずであった。

しかし、進展著しい近年の核ＤＮＡ解析や形質人類学研究の諸成果は従来の定説を大きく揺るがすこととなった。大雑把に概括すれば、核ＤＮＡ解析による新説では、現代日本人（弥生人の子孫）の遺伝子はおおむね半島系の人々に由来し（**挿図5**）、縄文の痕跡はわずかを占めるにすぎないと判定された。また形質人類学からのアプローチでも現代日本人は北方寒地系の韓国人と近く、南方暖地系とも言われる縄文人とは大きな懸隔があるという結果が示された。ちなみに後者は、北方寒地系の人々は寒さに耐えるため体温を逃がさぬよう手足が短くなり、南方暖地系の人々は暑さに耐えるため体温を逃がすべくそれらが長

挿図５　現代のアイヌ人、沖縄人、韓国人の遺伝的関係
斉藤成也著『日本人の源流』から調製　＊ヤマト人は韓国人と近くアイヌ人から遠い

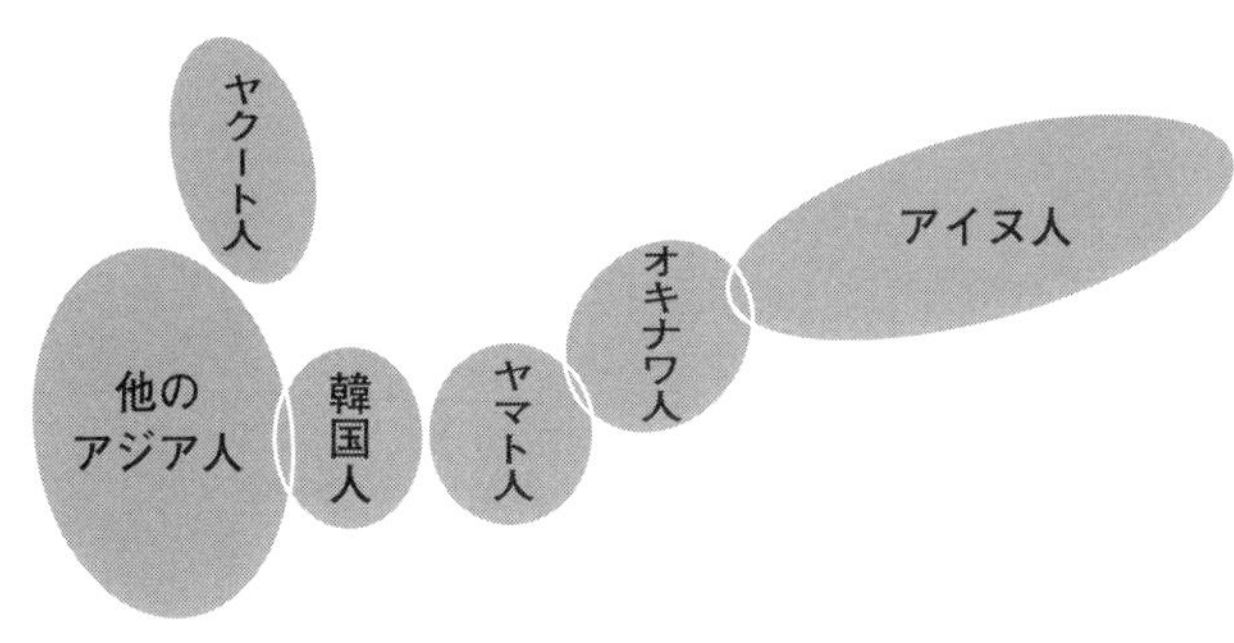

くなるという「アレンの法則」と呼ばれる形質進化を指標とした指摘であった。„我々は韓国人と顔や体形がよく似ているな“という当今の日本人が普通に漠然と感じている思いが近年の研究によって客観的に数値化されたということでもある。

ただし、卑近な話であるが韓流ドラマなどを通じての筆者の個人的観察では、現代韓国人の顔貌は日本人より„やや面長“であり、例えば金の隈遺跡（福岡市）や土井ヶ浜遺跡（山口県）などの渡来系弥生人骨に見る特徴が時を経ても受け継がれていると感じさせる。現代日本人が丸顔気味であるのは、後述するようにわずかではあるが縄文の遺伝子を受け継いだことによるのであろう。ちなみにアレンの法則であるが、これは民族に特有の体形や顔貌の特徴が時を経

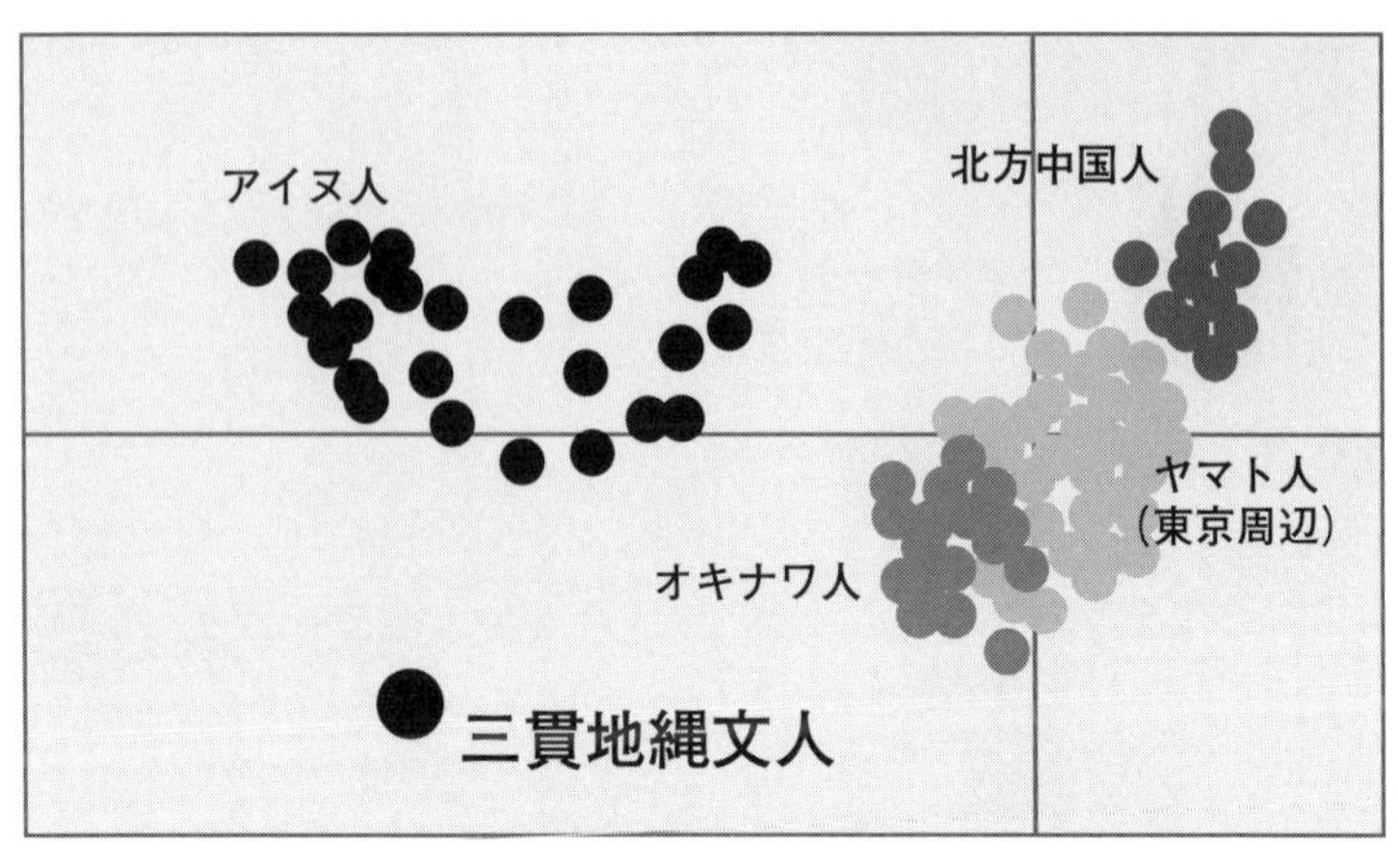

挿図６　現代アイヌ人と縄文人の近縁性　斉藤成也著『日本人の源流』から転載（神澤秀明ら［2016］より）＊左方が縄文度高く右方が弥生度高い

ても簡単には変わらないことも示す。例えばここ百年を見ても日本人は背が高くなり足長になったと感じさせるかもしれないが、たしかに身長は随分伸びたとはいえ、一方で顔貌の特徴や身長と四肢長との比率は決して変わったように見えない。例えば、我々の顔貌は写真に見る坂本龍馬の日本人らしい顔とほぼ似たり寄ったりであり、また筆者を含めて現代日本人は、写真などで較べるかぎり、高身長化は別として明治・大正人同様おしなべて胴長短足気味。後者は現代韓国人と共有する特徴でもあろう、――むろん、いずれとも個人差のある話ではあるが。

ところで、本論の帰趨に関わるという点で刮目すべき成果は、″現代日本人ではなくアイヌ人こそが形質的にも遺伝子レベルでも縄文人に近い″と判明したこと（**挿図６**）。この情報はすでにいろいろな形で世間に流布している。ただし古アイヌ人研究は共通する難点を抱え込んでおり、それは遺伝子の最も濃密な北海道で二〇〇〇年前どころか二〇〇年前のアイヌ人骨サンプルすら見つかっていないこと。したがっていずれの研究にせよその有効性がいくぶん割り引かれることはやむを得ない。とはいえ近年の形質研究の一例としては、東北大学大学院医学系研究者・佐伯史子氏による「解剖学的方法による縄文人の身長推定と比下肢長の検討」（二〇〇六）をまず上げなければならない。そこでは縄文人骨と近代アイヌ人骨（特に男性の）との間に、身長と下肢長との比率という比較的恒久的な指標における有意な相似性、とりわけ「身長のわりに足長であること」が報告された。「縄文人と弥生人」との間では発掘人骨の形質に著しい相違があるととうの昔から報告されているが、こと「縄文人とアイヌ人」となると、顔貌の相似性（低顔［面長の逆］、高い鼻梁、鼻根の陥没、眉間・眉上弓の強い隆起、鉗子状の上下歯列の咬合、四肢骨の扁平性）などについてはセンシティヴな問題であるためか研究の進展具合が筆者には掴みにくかった。しかし佐伯氏に加え、国立遺伝学研究所教授・斎藤成也氏は近書『日本人の源流』（一一一頁 二〇一七）で、「人骨の研究により縄文人は現代アイヌ人と近い関係にあることはすでに示されている」と明晰に述べた。孫引きではあるが本稿の理路にとっては重要な論断である。

また、遺伝子レベルでも同氏を含む気鋭の研究者による核ＤＮＡ解析の比較研究により、縄文の血は多少の地域的変動幅を考慮してもわずかしか日本人（一二％）には流れ込まず、むしろアイヌ人（五〇％以上『YOMIURI ONLINE』二〇一七・一二・一五）へと繋がったと推定された。古くは北方アジア人との、さらには奈良時代頃からは日本人との混血がいくぶん進んだあげくの現代アイヌ人との遺伝子比較ですら上記のとおり〝縄文度〟五〇％以上であれば、重要なことに、時代を遡ればそれは限りなく一〇〇％に近づくことが容易に想像される。つまりは形質研究と遺伝子研究との双方から古代アイヌ人こそ縄文人であったらしいことがすでに充分に示唆されているわけ。想定に根ざすとはいえ、この理路こそが筆者をしてアイヌ人こそが縄文人の末裔であり、遡れば二〇〇〇年前にはアイヌ人は縄文人そのものであったと確信させるいわば結節点である。したがって、これまでのように、日本民族を縄文から弥生へとシームレスに続いた単一民族の進化として捉えたり、あるいはそこに弥生人からの混血が作用して生まれた、縄文人を祖とする一系の民族と捉えたりすると、科学的な所見との重大な齟齬が生じるはず。平たく言えば、われわれ現代日本人は縄文人（アイヌ人）とは人種的系統を異にするということである。

そこで、この一系民族という大前提を根底的に疑ってかかることで従来の先史時代観を問い直し、それを金印の謎解きに宛てようというのが本論の基調となる。はたして半島から稲作技術を携えて北部九州に渡来したという人々［**作業仮説1**：*III* 頁］は先住の縄文人と組織的な混血、つまり通婚をよしとするほど平和的に共存しえたのか、あるいは激闘を繰り返し混血どころではなかったのか。むろん戦闘行為の結果として勝者が敗者側の女性を略奪し、意図せざる混血がもたらされる第三のケースもありえただろうとはいえ、基本的にはこの二択の問いが日本民族を一系と考えるか、二系と考えるかの分岐点になるだろう。具体的に述べると、縄文人にとっては海沿いの微高地や低地はイノシシやシカを狩ったり、あるいはアワビ、サザエ、二枚貝を採ったりする重要な食料調達場所であった。むろんそこは銛などを使った漁撈の便もよかっただろう。また近くに控える里山は採集民でもある縄文人にとって栗、どんぐり、クルミ、トチなどのナッツや野イチゴ、アケビなどのフルーツ、ワラビやフキなどの山菜やキノコなどの収穫適地であったことは言うまでもない。一族の存亡にも関わるそのような重要生活拠点を半島からの渡来人に稲作用としておいそれと明け渡しただろうか。

一般的に、異民族が原住民族の支配地に侵入すれば戦闘が始まるのが通例である。典型的には、北アメリカ大陸北東海岸に一七世紀にイギリス人やフランス人、さらにはオランダ人などの移民の波が押し寄せ、初めこそ先住のアメリカインディアンたちは厳しい生活を強いられた彼らを親切に庇護。しかし移住者が増えるにしたがい争乱が起こり、最終的には西部劇映画で観るような激しい戦闘へと発展し、それは一九世紀末移住者側の勝利をもって終結した。このような話は侵略、侵攻、集団的移住があるかぎりおよそ世界各地で起こってきたわけであり、自分の縄張りを外敵から守るために戦うのは人間をふくむ動物の普遍的本能であろう。その点で世界の歴史は戦争に始まり戦争に終わると言ってもいいくらい。日本だけがその時代そのような抗争の歴史を逃れられたとはとても言えまい。そのように考えると、土着の縄文人と新来の渡来人との間に様々な戦闘行為が繰り広げられたと考えたほうが自然であると言えまいか。一系民族説に代わる二系民族説を、考古学を研究する際の揺るぎない原理に昇格させれば、あらゆる先史的事象が矛盾なくよりしっくりと理解されると考える。日本人の苦手とする、普遍的な原理を個別の事象の理解に適用する、いわゆる演繹的思考法の導入が要請される謂われである。今回の金印についての語りはその好適な例となろう。

2

真贋について——なぜ志賀島に埋められたのか

発見の場所と状況とを考えあわせれば本物

本題に戻ろう。金印は国宝中の国宝ともいえる文化財であり、長らく藩主・黒田家に所有されてきたが、のち東京国立博物館に移管。一九七八年黒田家から福岡市に寄贈され、最初は福岡市美術館で、のち福岡市博物館に移され無二の〝お宝〟として所蔵・展示が開始された。まず、本稿への導入部として、それが発見された状況を同博物館で二年前に開かれた「真贋論争公開討論」で聴講者に配られた冊子によって見てみよう。発見者の百姓・甚兵衛の名前で当局に提出された「天明四年　志賀島村百姓甚兵衛金印掘出候附口上書」がこんにちに伝わる。原文は現代人にとってやや読みにくいかもしれないので、上記冊子の読みを参考にして現代風に書き改めてみた。それは以下のとおり。

発見者の百姓・甚兵衛は天明四年二月二十三日自分の抱田地・叶の崎で田境の溝の具合

がよくないので溝の形を直そうとして岸を切り崩していた時小さい石が次々に出てきました。そのうち二人で持ち上げる程の石が出てきたので鉄梃で取り除くと石の間に光り物があったので、それを取り上げ、水ですすぎよく見ると金の印判のようなものでした。見たこともない品でしたので私の兄喜兵衛が以前奉公していた福岡町家衆の方へ持ってまいり、喜兵衛からお見せすると、大切な品と見えると言われたのでそのまま仕舞っておいたところ、昨日十五日庄屋様から、その品をすぐに役所に差し出すよう申し付けられましたので急いで差し出しました。よろしくお取り計らい下さいますよう願い上げます。以上。

志賀嶋村百生　甚兵衛（印）

天明四年三月十六日

津田源次郎

御役所様

とある。この口上書の後半には「甚兵衛の申し上げたことは少しも間違いはございません。提出時期が遅れましたことは不届き千万で申し開きもできませんがなにとぞよろしくお願い申し上げます。」という志賀嶋庄屋・武蔵他二名の申し開き文が添え書きされている。

真贋については発見当時から議論がくすぶっていたようであるが、いまでもその状況に変わりはない。例えば元・九州大学文学部教授の中野三敏は偽印派であり、西日本新聞二〇〇〇年四月二日朝刊に、金印出現の時期があまりに〝出来過ぎた話〟で反って怪しいと次のように述べた。少し長めの引用になる。

（前略）享保以来、篆刻の技芸は最新の中華趣味として学芸界に熱狂的に迎えられていた。それも初めは極く装飾的な明風の篆体が喜ばれたものの、徂徠学に基づく古風憧憬の気運にうながされて、印聖と仰がれた高芙蓉が出現すると、中国古代の官印の模刻を盛んに試みる機運が生じたのが、宝暦以降、明和、安永という時期であった事は、いはゞ斯界の常識の筈である。／その絶頂期に、これほどの物がひょっこり現れるというのは、余りに出来過ぎた話と思うのは無理だろうか。当時の印人の知識や技術では及びもつかぬという説があるのも承知してはいるが、決してそう見くびったものでもなさそうに思える。因みに芙蓉の没年月は天明四年四月廿五日、金印の出現は天明四年二月廿三日、僅か二ヵ月の違いというのも何とも思わせぶりなこと。

「出来過ぎた話」はこれに留まらず、この印を鑑定することになる藩儒・亀井南冥の唐人町の自宅隣に福岡藩西学問所「甘棠館」が設立され南冥が館長に就任したのが同年二月六日であり、金印発見の二月二三日をわずかに一七日遡るにすぎない。この開校を寿ぐために南冥自身が金印贋造を工人に命じ領内での新発見を装うことで自らの藩儒・鑑定家としての声価を高めようとしたのではないか、という疑いが生じたのも無理からぬ話である。さらに南冥が鑑定結果を出し報告書類を調える経過が〝予期〟していたかのように迅速で短期間（一六日～数日）であり、その手際が良過ぎたことも人々に疑念を抱かせる一因となった。疑問は時期や経過のみならず、ほかにも発見者の農民の名として口上書に記されている「甚兵衛」なる人物がその時期志賀島に実在したことが確認できない、金印発見の五年後に博多聖福寺に赴任して来た仙厓和尚の書付「志賀島小幅」（挿図7）では発見者の農民の名が甚兵衛でなく「秀治／喜平」となっている、などややマイナーな齟齬も明らかになっている。

ちなみに真印派の立場からちょっと触れると、仙厓和尚の書付に見える「秀治／喜平」のうち「喜平」は上掲口上書中にあるように、掘り出された印章を「福岡町家衆」に鑑定に出した甚兵衛の兄・喜兵衛を指すと推定されるから特に問題はなかろう。しかし「秀治」なる名はむろん同人の姓ではない。郷土史家・筑紫豊著『金印のふるさと　改訂志賀島物語』（一九八二）に「仙厓和尚が書留めた金印発見者」として書幅に仕立てられたその書付（個

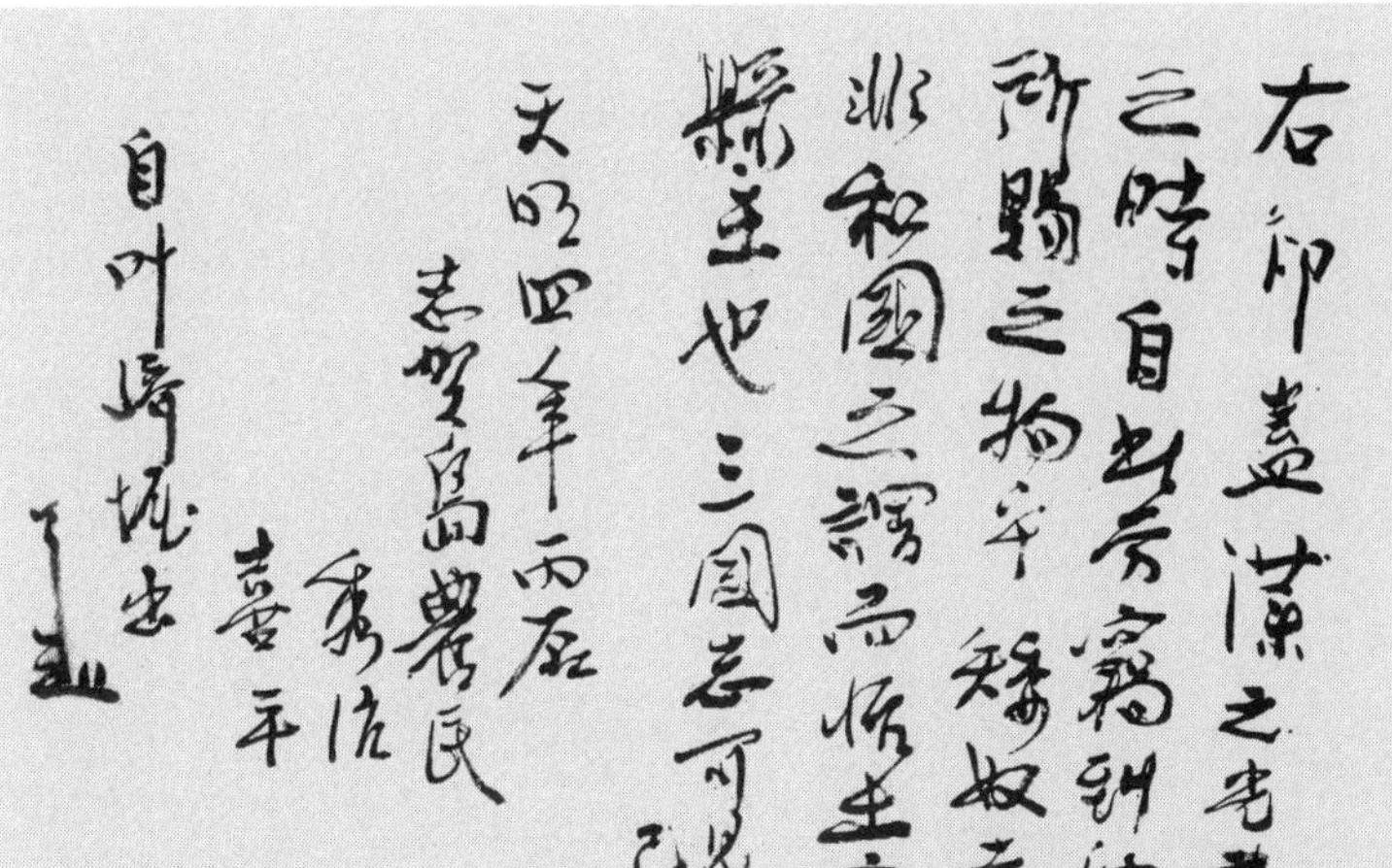

挿図７　仙厓「志賀島小幅」しかのしま資料館パネルを複写

人蔵）の写真が登載される。その文面は次のとおり。

（金印の実印影）
右印蓋漢之光武
之時自此方窃到彼
所賜之物乎矮奴者
非和国之謂而怡土之
縣主也三国志可見
巳

天明四年丙辰
志賀島農民
秀治
喜平
自叶崎掘出
厓菩薩

つまり、現代風に改めれば「右の印影は漢の光武帝の時（使人が）こちらからあちらに窃（ひそ）かに渡り、賜ったものだろうか。倭奴は和国のことではなく怡土（伊都）の県主（あがたぬし）である。三国志を見れば分かる。天明四年に志賀島農民秀治と喜平が叶崎で掘り出した。匡菩薩（仙厓自署）」と記されており、実際に金印が白字方印として捺印されている。また、二行に書き分けられたことで秀治と喜平とは別人であると分かり、発掘地も「叶崎」と明示される。金印実印影が捺されたこの書付は字体といい落款（印章を欠く）といい、一応は仙厓和尚直筆の真物らしく見える。

この書付について考察したのは旧・福岡市立歴史資料館学芸員・塩屋勝利であり、同館の特設展図録『「漢委奴国王」金印展——金印発見二百年』（一九八四）のなかでも同書付の写真を載せている。福岡市博物館の米倉秀紀学芸員によると、塩屋勝利は当時きっての仙厓和尚の研究家であり、字体などからこの書付を晩年の一八三〇年代の揮毫と考えたもよう。むろん先述のとおり金印発見の天明四年（一七八四）には仙厓はまだ博多聖福寺に着任さえしていない。福岡城中奥深くに保管されていたはずの貴重品をこの高名な和尚は藩主からの特段の配慮により拝観させてもらったことになる。このように時間的間隔があるので書付の資料的価値は減じるが、文中、「委」を「倭」と取り違え、後漢書ではなく三国志を典拠に上げるなど錯誤が見られ、〝学僧〟仙厓らしくないとも言える。後漢への遣使が「窃（ひそか)」になされたり志賀島で掘り出されたのに伊都国の県主が金印の受贈者であったりとする考えは後述する上田秋成や山片蟠桃が「金印考文」や「夢の世」で主張するところであり、仙厓独自の見解ではない。

それやこれやで、これまで何度も真贋論争の公開講座などが催され、最近では、先述のとおり平成三〇年にも同博物館で『『漢委奴國王』を語る』と銘うって公開討論が開催された。壇上、真印派と偽印派とに分かれてのこの討論会では、さすがに専門性が高く、それぞれの立場から微に入り細に入る〝材質的・技術的〟な分析結果が示され、議論は伯仲した。陰刻された文字に残る「さらい彫（文字の輪郭に切れ込みを入れたあと中を浚う）」によるたがね痕、端部に向かって肥大する文字線の肥痩、刻字の幅と地の幅との比率など拡大鏡下でしか視認できない微妙な特徴が真贋を決める根拠として示された。むろんこのような研究は同類の中国製印璽との比較検討の成果として披瀝されるが、考古学ファンならずとも印璽制作者の恣意性や偶然性、意欲のほどなどが出来栄えを大きく左右することを知っている。また人は比較データが単なる数値であり、それを意味として読み解くには解釈的視点が必要であることも知っている。したがって同じデータでも読み解きが立場によって異なることもありうる。そのようなこともあってか公開講座は結論へと収束することなく、ただ互いが自説の優位を主張するだけの場となった。考古学ファンの興味に応えようとするこのような興味深い討論会は今後幾度も続けられるだろうし、ぜひとも続けていってもらいたいが、おそらく永久に結論を見ることはなかろう。

そこで、金印の真贋を考える上で、縄文・弥生の抗争という二系民族説を標榜する立場から、ちょっと角度を変えて志賀島という出土地の問題を新たに考慮に入れたらどうかというのが筆者の趣向である。先述のとおり金印は黒田家お抱えの儒者・亀井南冥が鑑定に当たり、鑑定書『金印辨』を著し、本物説を展開した。孔子・孟子の教えを大事にする古学派の南冥はむろん古今の中国典籍に通じた博識であり、儒教典籍はおろか、『漢書地理史』(撰述者：後漢の班固と班昭　西紀八二年)、『三國志(魏志)倭人伝』(撰述者：西晋の陳寿　西紀二八〇〜二九七年)、『後漢書』(撰述者：南朝宋代の范曄　西紀四四五年)などの史書全般にも深く通じていたと推察される。金印に直接関わる典籍はいわゆる「後漢書東夷伝」であり、おさらいの意味で当該部分を引用すると、

光武中元二年　倭奴國奉貢朝賀　使人自称大夫　倭國之極南界也、光武賜以印綬

つまり後漢の中元二年(西紀五七年)、光武帝は倭奴國の使いに印綬を賜った、と明確に記されており、南冥はこの金印こそがそれに当たる、と述べた。もし南冥が金印贋造に関わ

っていたならば、奴國所在地を『三国志』（写本のみ伝存）のいわゆる「魏志倭人伝」条によって概念的には完全に把握していたはずのこの碩学がわざわざ方角違いの辺境に浮かぶ小島にそれを埋納することはありえない。埋めるのであれば、「魏志倭人伝」から知られる確度の高い奴國の位置情報、つまり伊都國から

東南至奴國百里（東南奴國に至ること百里）

（百里は今の一〇キロメートル足らずか）あたりを〝発見地〟として選んだはずである。伊都國から東南一〇キロメートル足らずと言えば、当時未発見の奴國王都・須久岡本遺跡のあるこんにちの春日市、または那珂川市あたり。洪水で流されず山崩れに遭いにくいなだらかな丘の頂あたりが最適であっただろう。

むろんこの種の議論は常に混線しがちなもので、南冥自身、「漢委奴國王」の印字のうち「奴」を助詞「ノ」、つまり「倭（ヤマト）ノ國王」と読むべきと主張し、黒田家所領の旧国名ではなく、当時の日本国「倭（ヤマト）」全体の王を意味するとした。しかし上掲の「東夷伝」一節で見るように「倭奴國」は「倭國」の極南界（にある）と記されており、南冥流に読めば「倭ノ」国は「倭」国の極南界（にある）となり、譬えれば「AはAの南にある」というがごと

き意味不明な叙述となる。しかも上掲の「魏志倭人伝」の記述からも「奴國」の実在は否定しえない事実である。当時は古学ではなく朱子学こそを学ぶべき儒学として推す動きが朱子学以外を幕府が禁ずる「寛政異学の禁」へと展開しようとする時期であり、南冥はおそらく儒学者として微妙な立場にあったはず。これを勘案すると、このあからさまな誤謬は「奴」を卑字と明かすことで藩主の機嫌を損じないための南冥一流の気遣いであったと見てよかろう。もしこの碩学が自ら贋物作りを主導したなら、「奴」を「奴國」と解そうが助詞「ノ」と強弁しようが、それを志賀島に埋める必然性はさらさらない。したがって、短兵急のそしりはあろうが、金印贋物説は考えにくいと言えよう。また、仙厓による先の書付にあげられた発見者の秀治と喜平の両名はともに新出の名前であり、甚兵衛説とは別ソースと見られるがゆえに、ともども相まって真印説を後押しすると考えられまいか。

ちなみに同じくお抱えの朱子学者・武田定良は金印発見の年に東学問所「修猷館」(現・福岡県立修猷館高等学校の前身)の館長となり、犬猿の仲であった南冥の同時開学になる西学問所「甘棠館」に対峙した。金印がなぜよりによって志賀島くんだりで発見されたのか理解に苦しんだ定良はこのとき『金印議』を著し、次のように述べた。

此印如何ニシテ当國ノ海島ニ埋レタルヤト思フニ、寿永年中平氏ノ乱ニ、安徳帝筑紫ニ落下リ玉ヒ、（中略）又此地ヲ出テ、讃岐ノ八島ニ赴く。其後終ニ壇浦ニテ入水シ玉ヘリ。此時三種神器ヲ始メ、重宝ナドヲ持セ玉ヒタル内ニ、此印モアリテ、此國ヨリ他國ヘ移リ玉フ時、路ニテ取落シタルカ、又ハ入水ノ時、海中ニ没シ、此嶋ニ流寄テ、終ニ土中ニ埋レタルニモ有ンカ。

要するに、幼い安徳帝が（源平の乱で）筑紫に落ち延びた時、懐中していた金印を道すがら取り落としたか、壇ノ浦合戦で入水した時金印も海底に沈み、金印が（勝手に海底を八〇キロメートル移動して）志賀島に流れ着き、（勝手に海食崖をよじ登って）自ら土に潜ったのではないか、という人を食ったような話。定良は金印を南冥による贋造と疑っていたのかもしれないが、それにしても発見地の説明不可能さに戸惑い戯れ言を嘯ますしかなかった定良の思いだけは伝わる。

ちなみに数年前の話であるが、筆者は拙稿の準備に向けた情報収集のため、ある自治体の埋蔵文化財課に出向き担当者と面会したことがある。その考古学者は筆者の話を聞いたあと自説として、金印が志賀島南部に埋められたのはその地が伊都國と奴國とを二つながら等距離に同時に見晴るかすユニークな地であるからだろうと満を持した面持ちで述べた。推定するに、在野の考古学者・原田大六が著書『悲劇の金印』（没後出版　一九九二）で中山平次郎の説として述べたように、倭王は北部九州の在で、少なくとも十世代ほどの間に伊都の三雲南小路（紀元前一〇〇年頃）、次いで奴国の須久岡本（紀元前五〇年頃）、最後にまた伊都の平原（西紀一五〇年頃）と伊都・奴国間往復の遷都を行ったとする考えに共鳴したご教示であっただろう。つまり、あまたの国々のうち伊都國と奴國とが当時の倭（やまと）の中核国であったと主張したかったと見える。その後志賀島でドライブがてらに眺めたところ、金印公園からたしかに糸島方面と福岡方面とが、遥かにではあるが、同時に視界に入ることは確認できたことを報告しておこう。しかし伊都國と奴國とを二つながら見晴るかす地点となれば両地域間に横たわる山稜部やより近接した能古島の方がふさわしいとも思える。むろんこれはあくまで中山に倣った一系説下での立論にすぎないが。

また別の専門家によると、金印発見の天明年間（一七八一〜一七八九）に伊都地域においてこんにち井原鑓溝（いはらやりみぞ）遺跡として知られる遺構も発見され、じつは金印はその時同地から掘り出されたが、なぜか志賀島での発見として偽装されたと想定する研究者もいるそう。いずれにせよ、ことほど左様に発見地問題はこんにちに至るまで想像を絶したミステリアスな難題であり続けた。

3

金印の受贈者はだれか、なぜ志賀島に埋められたのか

奴國王でも倭國王でもなくアイヌ族長が受贈者

西紀五七年に後漢の光武帝から下賜された金印には印面に五つの漢字が陰刻されている。すなわち「漢委奴國王」。このうち委奴國王が受贈者を示す。この文字群は三宅米吉が一八九二年（明治二五）『史学雑誌』に「漢の委の奴の國王（カンのワのナのコクオウ）」と読むべきと発表して以来その読みが定着したとされる。いまでも学校教育はおろかあらゆる局面でそのように読み習わしているのは周知のとおり。しかし、そもそも「委奴」を「ワのナ」と日本特有の漢文読み下し風に読むことで受贈者についての正しい理解が得られるのか、と誰もが疑問に思うはず。ちなみに二千年前の朝貢使が後漢の都で接遇者に対し、自らの言葉で自己紹介した場合を想像してみよう。たとえ片言が分かる通詞がいたとしても基本的には言葉による相互理解は難しかっただろうから、彼らはおそらく身振り手振りを交え、時には人差し指で自分の胸を指しながら「ΨΓΣ□　☆ΦΞ※ΘΔ√Ω≠!!」などと喚いたはずであり、その発音を聞いた接遇者がその音に見合う漢字を見繕ったと考えられるだろう。したがって、受贈者を探るにはその音韻を想起することが肝要である、――言語は違うが「ミシン」から原音「(ソーイング) マシーン」を、「ラムネ」から原音「レモネード」を想起するように。

ところでちょっと脇道に逸れるが、むろん筆者は国学者系の藤貞幹や皆川淇園、大阪の作家・国学者上田秋成、福岡藩国学者青柳種信、山片蟠桃、先述の仙厓和尚など多くの人士が委奴を「イト」(伊都=怡土=伊覩)と読んだことを知っている。最終的にはこんにちの「ワのナ」に仮統一されるまで、なぜか国学者系が「イト」読みに固執した一方、南冥、定直ら少数の儒学者系が「ヤマト」読みの孤塁を守った。今では考えにくいことだが往時は「イト」の方がこのように優勢であったことが『金印発見二〇〇年展図録』(一九八四)に詳述されている。先述の「金印井原鑓溝遺跡発見説」あるいは「邪馬台国伊都国説」立論の底にはむろんこの「イト」読みが控えているであろう。ただ、残念ながら、この「イト」とても日本語読みであることに変わりはない。江戸時代初期から黄檗(おうばく)寺院などの進出もあって長崎には少なからぬ中国人が定住しており、しかも有利なことに福岡藩は一年おきの長崎警固番を幕府から仰せつかっていた。この利点を活かして彼らに「委奴」の中国語発音を尋ねれば少なくともこの問題の音韻学的視野が開けていたかもしれないのに残念なことであった。もっとも福建人主体の長崎系中国人がそのころ漢語上古音まで知悉していたはずもなかったが。

重要なポイントにつき、ここはさらに説明を重ねよう。上掲の金印展図録に寄せた二松学舎大学・大谷光男の小論では、江戸後期に「委奴」「倭奴」の読みは「イト」「ヤマト」の他「クマソ」「エミシ」「日の国」「オナ」「ウト」と多岐にわたり、明治以降は「わのな」の他「いど」「ゐな」「ゐぬ」「わた」「いわ」「いぬ」「いね」「いな」とさらに多様な日本語読みが展開されたさまが示された。同図録ではさらに、これらの読みのうちクマソ（熊襲）説が本居宣長をはじめ紀州の井田敬之、福岡の村山広、近江の華亭釈澂、水戸の鶴峯戊辰など有名無名に拘わらず当時いかに多くの同調者を集めたかが示された。二系説先行者の存在を告げると見えたこの記事は筆者にとってまさに青天の霹靂。しかし各説を丹念に読み進めると、案の定いずれも「水戸学」を先蹤とする攘夷的な皇国史観からの発言であった。つまりこれは読みというより意味の問題に関わり、後漢書東夷伝に載る先述の「倭奴國は倭国の極南界にあり」の「極南界」を「九州南部」と解釈し「倭奴國＝熊襲」を導き出したもの。いわば、この清らかな皇国が「奴」などという卑字によって中国から蔑視されてよいはずがなく、蔑視されるとすれば本邦南縁部に住んでいた蛮族であったはず、というわけ。北縁部在として のエミシ（蝦夷）読み説は南冥の子息・昭陽によって提唱されたが、クマソ説と同工異曲の言い分と言える。

さらには思いがけないことに、「イト」の読みも中国の史書に「百余国」とも「三十許国」とも記載された小邑のいわば〝例示〟に過ぎなかった。つまり、それを受贈者としてことさらにあげつらったのは、神聖なるヤマトを中国に蔑まれてなるものかとの気概のもと、周縁部の部族を藩屛となし〝本丸〟スメラ御国の名誉を守る立場からであり、「クマソ」「エミシ」読みと歩調を一にするものであった。言い換えると、「クマソ」「エミシ」「イト」などの読みは単なる地名問題ではなく、うがって言えば国学（勤皇）思想の高まりという時局観を裏に忍ばせていたということ。こんにちの素朴な「イト」読み派にとっては耳の痛い話であろう。また南冥の「ヤマトの」読みもその前に「漢」が付くかぎり漢への朝貢国を意味するとみなされ、とうてい国学者流の肯じるところではなかったはず。ちなみに、日本史研究家・井上筑前氏も『邪馬台国大研究』（二〇〇九）においてそのような経緯の端緒を本居宣長の主張として次のように紹介した。

宣長は、我が国の朝廷を神格化するあまり、漢に貢ぎ物をしたり漢の皇帝から倭の国王を名乗ることを許されたり、まるでわが国が漢の従属国のように扱われるはずがない、と考えていた。したがって、漢に朝貢などしたのは九州に住む熊襲の類であって断じて日本の天皇ではない、と主張したのである。

さらに宣長自身、友人への手紙で「これ（金印）は熊襲の類が勝手に漢へ行って貰ってきたものだから尊ぶ必要はない」とまで言い切った。また、その主張をさらに発展させ、例えば上田秋成は次のように述べた。

> 皇朝ヨリ西土ニ通信セシハ三十四（ママ）代推古天皇ノ十五年ニ上宮皇太子ノ命ヲ承リテ小野臣妹子ト云人ヲ遣ワサレシゾ始ナル、其時西土ハ隋煬帝ガ三年ニアタリテイト杳（はる）カニ後ノコトナリ

つまり、「日出ずる処の天子　書を日没する処の天子に致す　恙なきや」で有名な上宮（かみつみや　聖徳太子）の国書を携えた小野妹子ら遣隋使（西紀六〇七年）がヤマト政権としては中国との史上初の接触であった、というわけ。この説だと「親魏倭王印」を受けた卑弥呼（天照大神ないしは神功皇后と比定する説がある）ですら蛮族の類ということになる。もっとも後掲ご講評を寄せてくれた冨川光雄氏は著書『卑弥呼の国』のなかで、卑弥呼は縄文系であったという推理を披露されている。ただ、歴史年表を繰れば、確実な史実かどうかは別として西

紀二六六年に卑弥呼の後継壹与（台与）が西晋に、ヤマト政権に移行後と考えられる四一三年に第一七代履中天皇が東晋に、四三八年に第一八代反正天皇、四四三年に第一九代弁恭天皇がそれぞれ宋に遣使し、四七八年に第二一代雄略天皇が書を宋に送った。また小野妹子遣隋以前の六〇〇年に上宮は隋の煬帝に初の遣使を行った。このように六世紀以前にも「皇朝より西土に」幾度も「通信」が行われたらしい。とはいえ、むろんこれによって別に上田の非をあげつらうのではない。

ちなみに、先のような説がまかり通った背景には、江戸の当時から遡ることおよそ二五〇〇年前にヤマト（日本）は神武天皇により建国され、金印受贈の頃はすでに（第一一代垂仁）天皇が畿内を都として一等国ヤマトを治めていたという神話が人々の心を捉え始めていたからであろう。こんにちの定説では、西紀五七年当時はまだ弥生時代後期に当たり、宣長らの述べる「護るべきヤマト」はまだ地上に存在しなかった。しかし今でも神話を実話と信じる人々が少なからずいることを考えると、あながち当時の学識レベルを難じることはできない。やや雑駁になったが、詰まるところ筆者が言いたいのは、発見時以降に澎湃として沸き起こった金印論の多くは科学的な分析や的確な時代観に基づいて生まれたのではないこと。たしかに、北の「エミシ」、南の「クマソ」、西の「イト」いずれの読みも結果的に意味するところは二系説のハシリと言えなくはない。しかしせっかくの直感も「縄文人」

という概念自体がなかった当時にあっては、それが縄文人＝アイヌ人を見据えた二系民族説の理路に辿り着くことはなく、さらに、惜しむらくは、その概念が生まれた明治以降ですらその大勢に変わりはなかった。

長い前置きとなったが、ここからより本来的な音韻論に立ち返って話を進めることにしよう。むろんその考察にとって〝一丁目一番地〟であるのは、知るかぎり古今を通じてほとんど検討例を見ない「委奴」の中国語〝上古音読み〟。この二字を贈呈者側の後漢ではどのように発音していたのか、その音韻のなかに何か重要なヒントが隠されていないか、を検討する必要に迫られた。英語で匈奴をカタカナ的には「シャンヌー」と発音することに気づいたのはひと昔前のことである。以来、筆者は「委」──「倭」──「ワイ」──「アイ」の連想から、ひょっとして後漢では委奴を「アイヌー」と発音していたのでは、という疑念に囚われてきた。遅ればせながら近年知人に尋ねたところ、現代の標準中国語による発音では、カタカナで強いて表記すれば「ウィヌゥ（ヰヌゥ）」。読みようによっては「アイヌ」と聞こえないだろうか。つまりこの発見が筆者を、金印受贈者はアイヌ人だったのではないかという一見とんでもない仮説に本気で首を突っ込ませることになった。

筆者は中国語を全く解さないが、当面の必要に迫られて関連する範囲で中国語の音韻についてにわか勉強をおこない、素人なりにいくつかの知見を得た。一般的に言って、言語はいわば生き物であるから時代を追ってまた地域によって大きく変容する。中国語も例外ではない。まず着目すべきは、紀元一世紀ごろ後漢の都・洛陽あたりのいわゆる中原（ちゅうげん）で話されていた上古音（後漢時代くらいまでの音韻）は中国の福建省、広東省、香港、台湾、世界各地の華僑などに一定の話者を擁するとされる中国語の一方言・客家（ハッカ）語に比較的よく保存されているらしいこと。なぜなら客家人はもともと二千年前頃には中原に漢民族の一派として暮らし、その後さまざまな事情で南進を始め、行く先々で独自の大規模円形集団住居（一部は世界遺産）に住まい、強い文化的紐帯を長年変わらず保ってきたとの説があるからである。

結論から言うと、じつは、音韻の検討によるこの仮説は今のところ証明することがほとんど不可能であった。まず肝心かなめの〝アイヌ〟という呼称がいつごろから始まったのか判然としない。つまり、そもそもいま北海道やロシア極東地域に住まうアイヌ人は二千年以上前から「アイヌ」を自称していたか当のアイヌ人にも分からない。当今のアイヌ人はほぼ日本語話者であるが、かってはアイヌ語を話し、その音韻はいま北海道や東北地方の地名などに色濃く残されており、日本語化されたアイヌ語由来の地名を渉猟する言語学的研究も盛んである。しかし、上述のとおり「アイヌ」の呼称の起源という肝心の点が深い闇のなかにあるのは、アイヌ人はおろか当時の倭人ですら自前の文字を持たなかったことがその主因であろう。したがってすでに文字によって歴史を記録していた中国側史料に頼らざるをえないが、結論的にはこれとて証拠として立てるにはいささか心許ない。

以下、否定のための例証に過ぎないが、さきに述べた客家語についても音韻の地域的差異が大きく、例えば台湾では四縣音、海陸音、大埔音、饒平音、紹安音、南四縣などの方言がある。このうち最も上古音をよく保存しているのが台湾中部で今も使われている紹安音といわれるが、その真偽のほどは確かめようがない。それらの発音が印面上の「委奴」の読みについて上記各方言間でこんにちいかに異なるかと言えば、「委」は客家語ピンインで表記すると四縣でvi（ヴィー）、海陸でvui（ヴイ）、大埔でvui（ヴイ）、饒平でvui（ヴイ）、また紹安音ではbbui（ブイ）である。いずれにも「アイ」の響きはない。「奴」は海陸、大埔、饒平でnung（ノン）、四縣と紹安ではnu（ノー）などと変異する。つまり現代客家語読みでは「委奴」が「アイヌ」を想起させる発音で読まれることはほぼないと言える。なお、周知のとおり印面の「委」を「倭」の人偏省略とする見方が古くから金印研究者の間で行われているが、現代客家語で見るかぎり、これら二つの漢字は読みが異なり、「倭」はいずれの方言でもvo（ヴォー）と別様に発音される。つまり「委奴」と「倭奴」では客家語の発音が異なる。ちなみに同じ文脈であるから先走って記すが、現代の標準中国語でも前者は「ウィヌー」後者は「ウオヌー」である。

客家語から離れて中国語上古音を標準的な指標から調べると、手近には藤堂明保編『学研漢和大字典』が上古音まで収録した簡便な字典として評価が高い。しかし、そこに示される音韻は客家語のそれとは大いに異なり、「委奴」の読み幅をさらに広げる結果となった。上古音は現代の中国語音韻表には含まれていないため同大字典の示すピンインに従うが、実音韻のサンプルが添付されていないため以下はあくまで推定の読み（≒）である。そこでは「委」の上古音はIuar（≒イウア）、「奴」はnag（≒ナ）とある。ついでに、「倭」はIuar（≒イウア）またはuar（≒ウア）と読まれたとされる。編纂者によれば「I」音は弱い曖昧なイ音とされ、強く明瞭に発音される「i」音とは異なるという。したがって、大雑把に言えば、後漢時代の「委奴」の中央的漢語読みはカタカナ的には「イウアナ（ワナ）」に近い音であったと考えられ、残念ながら「アイヌ」の読みに繋がる響きは確認できない。それどころか、偶然ではあろうが、むしろ従来の日本語読み「ワ（の）ナ」に近いという筆者を戸惑わせる結果となった。ちなみに、時代がくだり一三世紀の元代頃から「委奴」の読みは当初に記したようなこんにちの読み「ウイヌー」、つまり「アイヌ」に近づくことが大局的には見て取れる、――むろん”後の祭り“にすぎないが。

とにもかくにも、以上のことから、中国語上古音についての音韻学的検討からは金印受贈者「イウアナ」（または客家語的には「ブイノー」）國王はアイヌ人であったと今は推断できない。中国語の音韻史については、本家中国はおろか台湾、日本においてもかなり綿密に研究が進んでいると聞く。とはいえ二〇〇〇年も前の漢字を対象とした音韻学がこれらの国・地域を含む世界の言語学者によってこんにち完璧に確立されているとは考えにくいから、将来いずれこの説が再浮上するかも、と今は微かな希望を繋いでおくしかない。委奴の「委」が古くは日本語表記で、わ行の「ゐwi」、一方伊都の「伊」は、あ行の「いi」であるから、委奴は「魏志倭人伝」に記された伊都國を指さないという可能性も含めて。

しかし、この問題には音韻だけではなくもう一つの取付きがある。それは表意文字たる漢字だからこそその視点であり、「委奴」二字の本来の字義に関わる。少しく詳述すれば「委」は稲穂が垂れた様子を示す禾（のぎ）と女の小柄さとの連結がイメージされた会意文字であり、ほかにも委を部首に持つ姻戚関係の漢字では「倭」は静かなさまを表し、「萎」は萎縮の熟語から分かるように萎（な）える、萎（しな）びる、「矮」は矮小（わいしょう）などと使われるように形が小さいことを示す。同様に「痿」は萎（な）える、いざる（病気により足が立たない）という意味。また「奴」は言うまでもなく卑字。いずれも人に適用すれば、背が低く、よくお辞儀し、平身低頭して出しゃばらず、多少卑屈な感じを与える人々の有り様を指すと解釈できないだろうか。列島からの使者を接遇した中国人の眼には少なくともそのような人々として映ったということであろう。これらの謙虚な身振りや振る舞いは、目上に対し恐縮し平伏することを美徳とする累代の日本人一般にこそもっともよく当て嵌まりそうであるが、縄文人も同様であったのだろうか。縄文人（アイヌ人）の身のこなしについて筆者は何も知らないが、少なくとも体格的に彼らが低身長であったことだけは発掘人骨から確認されており、仮に平身低頭の身振りを併せるならば彼らの姿はいやが上にも小さく見えたことだろう。結論的には、字義の詮索からは金印受贈者はいくぶん高身長な弥生人ではなく、平均七～八センチメートルほど背の低かったらしい縄文人であった可能性が高いと思われる。しかしこれとて決定的ではない。

しかし、ここで話を一挙に転じるが、じつはこの受贈者アイヌ説を最もよく説明できそうな視点が次に述べる金印発見地にまつわる問題である。この問題はより包括的な枠組みとして、受贈者が誰であったかだけでなく、環濠集落はなぜ作られたか、高地性集落は誰の手でなぜ作られたか、邪馬壹（台）國はどこにあったか、という問題まで巨視的に見通す内容をふくむことになる。筆者のような浅学が大口を叩くことについての多少の躊躇をみずから感じながらの語りとはなるが。

4

なぜ金印は志賀島に埋められたのか

金印を戴くアイヌ残存勢力が倭國大乱で弥生人に追い詰められこの島で滅んだから

本稿当初に、金印がなぜ志賀島に埋められたかについては、意想外すぎて議論にすらならなかった、と書いたがそれは正確に言うとやや誇張したレトリック。実際にはその昔、遺棄説、隠匿説、墳墓説、支石墓説、磐座（いわくら）説、呪術的祭祀遺跡説などが明確な根拠を示されないまま提起されたらしいが、その提言の詳細について筆者は情報を持っていない。しかし、いずれにせよ発見地とされる遺跡が保存されていないため、どの説であろうとこんにちその当否を検証することはできない。ただ幸運にも昭和二〇年代（一九四五〜一九五五）時点の現地を写した写真（**挿図８**）が存在し、そこには未舗装道路の海際に三日月形の田圃二枚があったことがはっきり示されている。しかし現場はその後風濤に洗われ海中に崩落したらしく、近年痕跡を求めて福岡市当局による海中調査まで行われたという。稀代の重要な

挿図８ 金印発見地海際の田圃（昭和20年代）『岩波写真文庫46』（岩波書店刊1957）から転載 ＊人々の背後に狭い田圃が見える

発見がなされた江戸時代後期（一七九八年以降）の現場の様子などは墨書きによる絵図（**挿図9**）としても残されており、たしかに甚兵衛口上書の述べるとおり狭い田圃やそこで働く人々の姿などが見える。ちなみに埋蔵の理由に戻るが、『金印展』図録では大正時代に先述の中山平次郎が長らく定説になっていた墳墓説を否定し奴国没落に伴う金印隠匿説を唱えたという。隠匿説である限りでは拙稿と理路は重なるが、中山説は二系の衝突などみじんも念頭に置かない一系説の立場。金印隠匿が必要となったその当時の政治的状況や集落の移動と変遷および争乱の論証などの根拠はもとより示されなかったことが図録執筆者によって注記されている。

ところで筆者は、発掘途上をふくめ、国の

挿図9 志賀島金印発見地景観墨画　しかのしま資料館パネルを複写

挿図10 吉野ヶ里遺跡主要部　佐賀県提供

挿図11 復元された吉野ヶ里遺跡U字型環濠、柵列、逆茂木 佐賀県提供

特別史跡として整備された後も何度か佐賀県吉野ヶ里遺跡（**挿図10**）を訪れた。そこに復元された往時の村の様相を見てつねづね「なぜこのように大規模な多重環濠や威嚇的な逆茂木（さかもぎ）、柵列が必要とされたのか」と自問したものであった。同じ渡来系であれば、稲作民であれば、弥生人であれば、なぜこのような鉄壁の防御施設（**挿図11**）を巡らせてまで血みどろの戦闘を戦う必要があったのか。しかも、同地の専門家によると、今は半分潰されたがほんの二・五キロメートル北東方向にはかつて同様の環濠と防御機能とを備えた中規模集落「松原遺跡」があり、また西方向一～二キロメートル辺りにも複数の環濠跡が検出されていたが

部分的調査のあと埋め戻され、まだ大半は地下にあるらしい。専門家によると、これら複数の倭人集落はお互い友邦同士であり、結束して遠くの敵に対峙していたという。さる高名な考古学者は一般論として、この時代では貯蔵された集落のコメを狙った弥生人同士の抗争が絶えなかったと言い、堅固な防御施設はそれに備えるためであるとした。たしかに、弥生時代の墓地からは折れた剣先の喰い込んだ人骨などが時に検出されはするが、それを考慮しても、やはり防御のこの異様な堅固さは同じ弥生人同士のコメを巡る抗争に理由を帰するには不自然この上ない。つまり抗争の人的犠牲と戦利品の価値とが釣り合わない。米が欲しいのなら可耕地はそこら中ふんだんに広がっているから田圃を新たに開拓すれば済む話ではないか。つまり、敵はほかにいたのではないか、という当然の疑問が持ち上がるわけ。

その答えは一つしかないはず、——すなわち縄文（アイヌ）人である。さきに二系民族説について触れたが、これまで一系説が固執されたため〝出番〟があまり回ってこなかったこの縄文・弥生両民族の抗争こそが堅固な防御施設を巡らせる必要を生ぜしめた原因ではないか。縄文人は近来の「変形説」やこんにちの「混血説」の通説にかかわらず、実態的には決して滅んでいなかった。そのことは以下順を追って引用することとなる各種資料が示している。彼らは先述のとおりやや短躯であり、しかも自前の金属製武器を持つほど文明化されていなかったため、邂逅以来渡来人との土地の争奪戦に敗れることが多かったと見られるが、一体

挿図12 吉野ヶ里遺跡から見た背振山系 佐賀県提供

どこで生き延びたのか。それは主に山間部と遠隔地臨海部、島嶼部であっただろう。吉野ヶ里集落を襲ったのは背後の背振山地（**挿図12**）に居住・遊弋する彼ら縄文（アイヌ）人であったはずで、言葉の通じない異民族同士であったことが抗争を一層苛烈なものとしたに違いない。不自然に堅固な防御施設の存在はそのことを暗示して余りある。

総合研究大学院大学文化科学研究科・藤原哲氏の二〇一一年の研究報告書などによると、環濠集落が大掛かりに発達したのは弥生後期に当たる二世紀頃であり、関東以西各地で検出されている。北部九州でみると、この時期、糸島市の三雲・井原、春日市の須久・岡本、福岡市の今宿五郎江、野方、吉武高木、朝倉市の平塚川添の各遺跡など枚挙にいとまがない。ちなみに環濠自体はすでに弥生前期、中期から数多く造成されたが、それらは香川・大阪などの一部例外を除いて、不思議にも環濠内にまれに貯蔵穴などを有するだけで何と肝腎の集落遺構を欠くという。したがって、夥しい初期環濠遺跡の造成目的、つまり何を守るために初期の環濠は掘られたのか、についてはまだほとんど解明されていない。しかし少なくとも後期分に関するかぎりでは〝要塞化された集落〟という文脈で十分理解できよう〔**作業仮説２**：*120* 頁〕。

ここで、より本題に近づこう。なぜ金印は志賀島で発見されたのかという最重要な疑問に答えなければならないが、じつはこれは二系民族説では比較的容易に説明できる。さきに縄文アイヌ人は弥生系渡来人（倭人）に追われて山深くに生活拠点を移し、一部は遠隔地や島嶼部にも逃げたはず、と記した。一方で、時代が下った弥生時代後期に環濠集落が北部九州で著しく発展したことを考慮すると、この頃現・福岡佐賀の県境をなす脊振山系などに籠る縄文人の戦闘活動がもっとも強まったはずであり、そのような状況のなかで二世紀半ばに倭國大乱が勃発したと想定される。しかし大乱における彼我の戦闘能力の差はいかんともしがたく、縄文側は敗走を余儀なくされ、一部は例えば現・福岡市東方の筑紫山塊などに一時的に陣を移したに違いない。そのあげく、最後に選んだ逃亡先こそ同山塊の北端からほど近い志賀島であっただろう。その一党こそがたまたま地域リーダー的なグループであり、盛期には後漢王朝から列島の統治を安堵されたことを示す極めつきの宝物・金印をしっかり携えていたはず。中国の史書にはどのような勢力同士が戦ったかという倭國大乱の具体的内容は説

挿図13 志賀島潮見公園から見た海の中道 福岡市提供 ＊砂州中途の影は橋梁部

かれていないが、半世紀以上続いたと同書に記載されるほどの大事件であったことから、これが天下分け目の大乱であったことは確か。繰り返すが、この執拗さと規模の大きさはこの戦争がこんにち定説とされているような、倭人同士が貯蔵米を巡って争った局所的な戦闘ではなかったことを示すはず。そもそも米を貯蔵する敵方を殲滅したら、その時はよくても翌年以降の略奪は望めなくなるではないか。

このように金印を携えた縄文アイヌ人の地域リーダー的一党が尾羽打ち枯らして志賀島に落ち延び（**挿図13**）、最終的には追手の弥生人によって攻め滅ぼされた。その際、印璽だけは死んでも敵に渡すまいと思い定めて念入りに地中に埋納したはず。その想定を可能にさせるのは、発見時の百姓甚兵衛の前掲口上書で、大きな「蓋

挿図14 しかのしま資料館

石」を取り除くと「石の間」に「光り物」があった、と記されるように蓋石・底石と四（三？）囲の石板とからなる箱式石棺様の石組みの中にそれが手厚く埋納された様子が見てとれること。ちなみに、ここで志賀島の過去の考古学的調査について簡単に触れると、戦後一九五八年から二ヵ年、考古学者・森貞次郎らによって、一九七三年から二ヵ年九州大学考古学チームによってそれぞれ実施された。その結果弥生時代と古墳時代の遺物が複数検出されている。結果的には眼を剥くようなスクープがあったわけではないが、それでもこの間、幸運にも本稿の理路をサポートする遺物が調査とは別に検出されていた。

島の北端に当たる広大な一画に現在「ホテル休暇村志賀島」が営業しており、その地所内に私設の「しかのしま資料館」（**挿図14**）が開設さ

石　鏃　　　　石　斧

土　器　片

挿図15 しかのしま資料館展示の縄文遺物
しかのしま資料館展示パネルから転載

挿図16　志賀海神社石段下部　＊案内版後ろあたりから縄文遺物出土

郵便はがき

8100033

切手を貼って
お出し下さい

福岡市中央区小笹一丁目
十五番十号三〇一

図書出版のぶ工房

『「二系民族説」で読み解く金印の謎』
読者カード係 行

◎お名前 ◎年齢 ◎性別

◎ご住所 〒

◎お電話 ◎メールアドレス

◎購入書店名

＊お客様の情報は弊社からのご案内のみに使用します

ご愛読書カード

「二系民族説」で読み解く 金印の謎

◎本書についてのご感想・ご意見をお聞かせください。

◎本書をお求めの動機。

1、新聞雑誌等の記事　　2、広告を見て　　3、書店で見て
4、人にすすめられて　　5、その他（　　　　　　　　　　）

◎直接購入申込欄

つぶ工房の本を直接お届けします。送料は1回の御注文につき180円。
税込合計2,000円以上は送料小社負担。お支払は同送の郵便振替用紙で。

書名	冊
書名	冊

◎自費出版にご興味がありますか。

い　いいえ

れている。展示品のなかに石斧一、石鏃一、土器片二（**挿図15**）が含まれることはほとんど知られていないので少し紹介しておくと、これらは同島南端にある志賀海神社の長い石段の上り口右側崖際（**挿図16**）から発見されたもの。一九五八年神社が石垣工事を行ったさい掘り出されたとされ、展示物脇に短文ながらしっかりした説明書きが付いていることから、かつて専門家（森貞次郎か）が鑑定に関わったことは間違いない。説明書きには、

志賀島には、縄文時代にも人が住んでいたと思われる。志賀海神社の上り口（石段の向かって右側）附近の土砂の中から縄文時代の終わりごろのものと推定される土器片や石器類が弥生時代中期の土器片などと一緒に発見された。

とある。このような「縄文時代の終わりごろ」と「弥生時代中期」の土器片とが混在する出土状況はありえない、何かの間違いであろうと専門家は言うかもしれない。しかし〝発掘捏造〟でない限り事実は事実と認めざるをえないだろう。肝心の出土状況は詳らかでないものの、むしろこの違和感のある出土状況をどのようにパラダイム・シフトして解釈するかが重要である。二系民族説を念頭におく今となっては縄文末や弥生中期とはこの地において実年代的にいつ頃を指すのか分からないため、実際には前者が二世紀に下り、後者が紀元前二

世紀に遡るという逆転すらあるのかもしれない。しかもこの逆転こそが倭國大乱時における縄文人来島という拙稿の理路に添うことは言わずもがなであろう。筆者はこの縄文末と解説された土器片を写真に収め、後日数人の専門家に制作時代について質したところ、皆が、たしかにこれらを縄文時代晩期様式のものと判定した。最近、弥生時代の始まりは炭素年代測定法^{14}Cの新結果によりこれまでより五〇〇年ほど遡るべきという新説も出て、混乱状態にある。しかし先述のとおり、純血の縄文人は弥生時代の列島ではすでに混血により滅んでいたとする一系民族説を虚説として斥ければ、これら遺物が二世紀半ばにこの島に移り住んだ縄文アイヌ人の遺したものという解釈も十分ありえる。言い換えれば、これら遺物は縄文人が弥生人に追われてこの島に潜伏したことの証左ともなりえる。

さらにこの仮説を補強するのは、志賀島から、主に縄文時代の指標となる〝貝塚〟が発見されていない事実である。この島で縄文人が短期間でなく何百年も何千年も住み続けていたら当然貝塚が形成されたはず。なぜならこの島で生きていくにはさまざまな貝類、魚類、甲殻類など海産物が最も重要な食料となったはずだからである。志賀島に一番近い貝塚は三キロほど手前の西戸崎あたりで検出され、さらにその数キロ陸側には西鉄「貝塚」駅があり、西方ではこんにちの福岡市中心部地下やさらに西方の糸島半島方面、東方では新宮町や宗像市、北九州方面まで各所に貝塚の所在が確認されている。このように島の手前までは古くは広く縄文（アイヌ）人の生活領域であった。志賀島では主に先史時代の様相を探る本格的な考古学的調査は先述の二度きりであったが、そもそも縄文に関しては、調査の誘因となる表面採集や地元民からの通報による貝塚発見の報もこれまで皆無。大雑把に言えば、弥生時代の遺物は検出されたが縄文時代に関しては先のわずかな遺物が孤立的に残るだけである。

つまりこのことが示すのは、縄文人は一時期志賀島に移り住んだが決して長居はしなかった、あるいはできなかったということ。なぜなら彼らは、繰り返しになるが、陸側からと同島北部側とから倭人による怒涛の挟撃を受け、あえなくこの島で全滅したはずだからである。金印が埋納されたのは倭國大乱の初期段階、つまり二世紀半ば頃であったと想定されよう。本来、金印は朝貢国が宗主国に貢物を贈る場合などに、その物品の由緒に疑いがないことを示すために押印する封泥用のシーリング・スタンプであり、箱や袋の紐の結び目に宛がわれた粘土が柔らかいうちに型押しされる。固まったあと第三者が解こうとすると封泥が壊れ、また偽印を使えば怪しまれて中国側に照合用に保管される印影と照合され、曲事が露見するという次第。その意味で封緘は贈り物の正真さを担保するうえで外交上必須の手続きであった。『ウィキペディア』「親魏倭王」の項によると印綬は王朝が代われば新王朝に返納され、代わりに新王朝から別の印が下賜される手筈であったという。しかし金印の場合、それを受贈した勢力が志賀島で死に絶えたためそれは叶わぬ夢となった。その後、西紀二三九年に新規に「親魏倭王」印を受贈したのが邪馬壹（台）国の卑弥呼であったことを「魏志倭人伝」は記す。この印璽は未発見であるが、卑弥呼の墓に眠っているのではなく、上記の理由から西晋建国を賀すため西紀二六六年に訪中した卑弥呼の後継壹与（台与）の使者によって返還されたであろう。記録にはないが、代わりに「親晋倭王」印が贈られたはずと推定されている。

5

"倭國大乱"の実態とは

弥生人同士の戦いでなく、弥生人とアイヌ（縄文）人との戦いであった

それでは、西紀五七年に下賜された金印を地中に埋納させた事態とは一体どのようなものであっただろうか。それは二世紀後半に起こった列島内での倭人集団の東遷運動がきっかけになったと考えられよう。その集団の中心となったのが他ならぬ伊都地域の弥生人ではなかったか。なぜなら、三世紀末に撰せられた「魏志倭人伝」に同世紀半ば頃の倭國のありさまとおぼしき極めて重要な記述が残るからである。それは伊都國を記述したくだりであり、

（筆者註：現佐賀県唐津市あたりから）東南陸行五百里　到伊都國（中略）有千餘戸　世有王皆統属女王國　郡使往來常所駐

とある。つまり、唐津あたりから東南に五百里（四〇キロメートル位か）陸伝いに行くと伊都國に着く。伊都國には千戸余りの家があり、王が治めてきた。女王國（邪馬壹〈台〉國）に従属し、（中国のいわば出先であった帯方郡の）使者が常に駐在するところ、とされる。また、同文献の後段では、

特置一大率檢察　諸國畏憚之　常治伊都國　於國中有如刺史　王遣使詣京都帯方郡諸韓國及郡使倭國　皆臨津捜露　傳送文書賜遺之物詣女王　不得差錯

とある。つまり、伊都國には特に一大率（地方長官）を置き、諸国を巡察したため諸国はこれを畏れた、とされ、またここの海辺が魏の都や帯方郡、諸韓国などと行き来する外交官の出港・入港地であり、長官が港に出向いて文書や献上品を調査・確認し、女王（卑弥呼）のもとに間違いなく届くように差配する、などと記される。

一読して奇異なことに、このように伊都國は三世紀半ば頃、対外的にも対内的にも強い力を発揮した枢要な国として「魏志倭人伝」に伝えられるのに、戸数はわずか「千余戸」とある。ちなみに、ちょっと脇道に逸れると、唐時代撰・平安時代書写になる国宝『翰苑』（太宰府天満宮所蔵）では同戸数を一桁違いの「戸万余」とするが、これは誤字脱字の多い

同書の性格から判断して編輯時の誤写と見られている。一方、後述するように「魏志倭人伝」自体も三国時代を巡る撰者側の政略性から記述の信用度は必ずしも高くはなく、戸数は水増しされているかもしれないらしい。筆者にはそれを詳らかにする力量はないから、ここではとりあえず倭人伝の記述にしたがうが、隣り合う当時の奴國でさえ戸数は「二万戸余」とあり伊都國の二〇倍に及ぶ。しかし不自然にも、同文献において国々の紹介に用いられた漢字数を比較すれば〝大国〟奴國が全二千余字中わずか二三字であるのに対し、記述が前後二段に分けられてはいても〝小国〟伊都國に費やされた字数は何と一一〇字に及び、たしかに枢要な国として面目を施している。つまり戸数の多寡がこのばあい記述の軽重とまったく逆転しているわけ。続く投馬國（現・岡山県あたりと比定）では五万戸余り、大本営・邪馬壹（台）國にいたっては七万戸余り、とあるのに較べるといっそう〝西都〟伊都國の戸数の少なさが不審を打つ。近時で譬えれば、一五〇万人の人口を擁した隣の福岡市をさし置いて人口七万人足らずであった旧・前原市（旧伊都國）に米国や中国、韓国の総領事館を設置するようなもの。

ひょっとして伊都國は以前には奴國以上の三万戸、四万戸の人口を擁していたのに、何らかの事態が勃発し、続く時代ではこれほどまでに人口を減らしたのではないか、――地方本営としての格づけはそのままに。二世紀後半に「倭國大乱」があったと後漢書に記され、この時代に環濠集落が防御を著しく堅固にするとともに、後述するように「高地性集落」が一挙に北部九州や瀬戸内地域に拡がったこととこの伊都國人口減少との間には大いに関連があるのではないか。それは金印を埋納させた事態と連関するであろう、――つまり先述した倭人（弥生人）集団の東遷運動である。倭人集団の中心勢力は伊都國人であり、この時期、つまり二世紀後半頃から〝留守番部隊〟のみを残して、伊都國の定住地を離れ東上の途に発ったと推定できまいか。その事態が、かつては銅鏡の蓄蔵数や大鏡所有で他国を凌駕した栄えある同国の劇的な人口減少を招き、途上の西日本全域を六〇～七〇年間の長期にわたる戦乱に捲き込み、この変事を倭國大乱と中国で呼んだのではなかったか。伊都國人集団はあまり仲の良くなかったと見える奴國のそばをすり抜けて東上。途次、三郡（さんぐん）山稜や犬鳴（いぬなき　熊ヶ城とも）山稜などの筑紫山塊に立てこもる縄文人に襲いかかり、先述のように志賀島に追いつめて殲滅。その後南下に転じ朝倉を経て日田方面に向かい、さらに筑後川沿いを遡って湯布院に降りたち、そこから山稜を乗越して別府あたりに下るルートで九州を横断したことが推測される。

彼らは交戦のかたわら一方で進路の弥生人集団を取り込み勢力拡充につとめたことであろう。別府からは船を仕立てて瀬戸内海を東漸し、あるいは途中から陸行し、殲滅と帯同とを繰り返しながら長い年月をかけて難波に辿り着いたのではなかっただろうか。卑弥呼はむろんこの集団に擁せられていたはず。なお同倭人伝の記す方角と里程とに従うと、邪馬壹（台）國は九州の東ではなく南の台湾やフィリピン東方沖あたりにあったことになり、列島の位置に関するこのような齟齬が同国所在地について数知れぬ〝ご当地説〟出来（しゅったい）の温床となった。しかしこれは西晋に仕える倭人伝撰者・陳寿による政略的偽計——つまり敵国・呉の東方海上に友邦の〝大国〟倭が位置すると偽ることで魏の戦略的優位を図ろうとする意図——を日本側が読み込めなかったせいであることが四〇年以上も前に東洋史の碩学・岡田英弘による著書『倭國』のなかで指摘ずみである（**挿図17**）。呉は二三九年に魏の遼東守備隊を海上から攻撃するなど当時海上活動を強めており、魏またはその後釜・西晋にとって大きな脅威となっていたことが背景にあるとされる。ただ、「魏志倭人伝」については先述のとおり撰述年は呉国滅亡の二八〇年から陳寿が没した二九七年の間と知られているものの同書に描かれた肝心の倭國の状況がいつ頃の年代に当たるか正確には分かっていないらしい。おそらく三世紀前半～半ばを中心としたあたりと想定されようが、上掲の政略的偽計については呉が

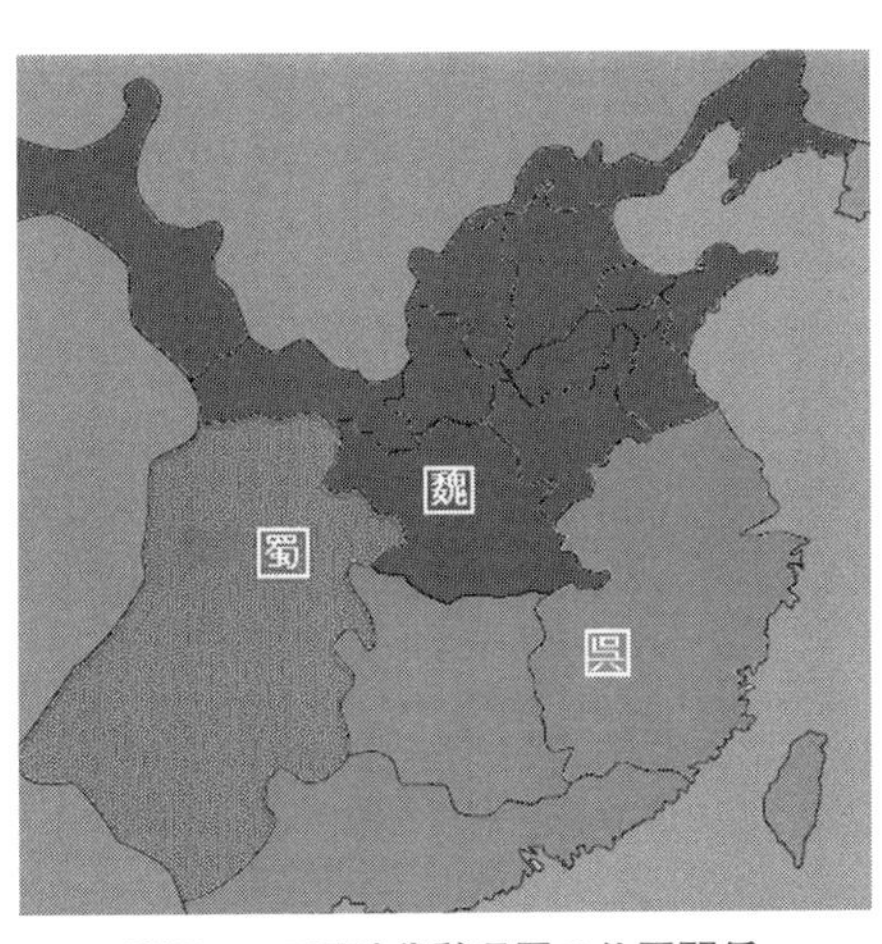

挿図17　三国時代魏呉蜀の位置関係

滅亡した西紀二八〇年以降では無効となるから、数十年遡る取材時のレポートを陳寿がそのまま採録したとしても岡田の主張の整合性には多少の疑念が残る。

ここで話を元に戻すと、このように、伊都國の倭人大集団による大掛かりな東遷運動が、山地に住む縄文人に脅威と映ったことをきっかけに戦いの火蓋が切って落とされたと筆者は考える。この仮説を補強するのが二世紀後半の数十年間だけ突如降って湧いたように現れたいわゆる「高地性集落」の分布。これは従来の説では、弥生人集落同士の争いに絡んで造営され、見張り台や狼煙台、さらには戦闘時の砦として使用されたと見られてきた。しかし、そうであるなら、なぜそれは渡来の長い歴史のなかでこの時期、二〇〜三〇年間という短期間だけ現れたのか。またそれは、平地の集落を巨大化し物見櫓まで設け、その周りを二重三重もの環濠、土塁、逆茂木、柵列で囲った厳重な防御のありようとそぐわないのではないか。なぜなら本丸がこれだけ堅固でかつ高層の櫓も備えるのに、兵站なしの孤立的な砦を遠くの山腹に築いて自軍勢力を分散させては戦略上の利点が失われるからである。しかも奇妙なことに、そもそもどの環濠集落がどの環濠集落と相戦ったのか一切解明されていない。そうであれば、〝米争奪説〟はやはり虚説として斥けていったん理路の世界に立ち戻り、高地性集落とは山中に拠った縄文アイヌ人が平地に拠って進軍する弥生人と最終戦争を戦った時の最前線砦であったと二系説で考えたほうがよかろう。

挿図18 西の迫遺跡ジオラマ 甘木市資料館蔵

ちなみに正確を期するために書いておくと、例えば京都府には弥生時代前期末から中期にかけて存在した早期の高地性集落（扇谷遺跡）もあり、また大阪府では砦風ではなく一〇〇戸ほどを擁した環濠集落風の高地性遺構（古曽部・芝谷遺跡）も検出されるなど、実態は必ずしも一〇〇％一貫的である、とは言えない。しかし経験則に例外はつきものであり、大筋としては拙稿の理路に差し障りはないだろう。それは、河川に例えれば滔々と流れる本流はたいてい岸辺で小さな渦を巻く逆流や滞水という例外を伴いながら大勢としては低きに向かうのと同じ。その意味で理路を定めようとするとやはり「大きな絵」が必要であり、岸辺の小さな渦巻ばかり見詰めていると川全体が逆流しかねない。

話を元にもどし、九州の遺構を実際に覗いてみよう。例えば福岡県朝倉市・西の迫（にしのさこ）遺跡は発掘報告書や甘木歴史資料館でのジオラマ展示（**挿図18**）

などによると九〇メートルの比高差を有する険しい尾根筋に立地し、空堀を平野側に向けて巡らせる。いざとなれば攻め上る敵に上から投石で対抗したのだろう。そのような高地性集落は筑後川沿いでは他にも、こぶし大の投石弾二〇〇個の貯蔵穴も検出され西の迫との連携も想定される日田市・白岩遺跡、源流部から尾根越えした先の由布市・若杉遺跡を点綴しながらその〝本場〟瀬戸内沿岸部とその島嶼部へと繋がっていく。福岡、大分両県の山腹に位置する高地性集落はたまたま高速道路建設工事（大分道）に引っ掛かって発見され、いまは上述三か所（調査後破却）にすぎないが、潜在的にはまだ多くが人知れず土砂に埋もれて山腹に眠っていることだろう。重要なことは、これらの砦遺構が先述した弥生人集団の進軍ルートをそのまま示すであろうこと。なお、高地性集落を「倭國大乱」と結びつけて研究を進めた先賢もおられたが、残念ながらおおむね〝同族同士の戦い〟という一系民族論にとらわれた立論であった。繰り返すが、大乱は縄文アイヌ人と弥生人という異民族同士の抗争であったと考えるべきであり、その前提を見誤ったためにこんにちの理論的混乱が生じているように見える。高地性集落が色濃く分布する胸突き八丁瀬戸内東端部を廻り込んだ大和盆地での邪馬壹（台）國建国がこの東遷の帰結となることは言うまでもない。

ちなみに邪馬壹（台）国の所在地については、大別すれば九州説、畿内説、出雲説、越前説、四国説などがあり、九州説は九州各県の主張するところ。そのなかでも代表格は福岡

挿図19 纏向遺跡 桜井市教育委員会提供

県玄界灘沿岸説、甘木・朝倉説、佐賀県吉野ケ里説などである。ほかに、福岡県山門郡説、北九州説、大分県宇佐説、熊本県阿蘇説、宮崎県高千穂説、鹿児島県大隅説・薩摩説など枚挙にいとまがない。筆者は上述のとおり邪馬壹（台）国が東遷したのではなく東遷勢力が到着地・大和盆地ではじめて同国を建国したと考える。ちなみに伊都地域にはひょっとして三世紀に遡るかも、と指摘される古い前方後円墳の泊大塚古墳が残る。しかし伊都国歴史博物館の河合修氏によれば、それは「魏志倭人伝」に記された卑弥呼（西紀二四〇年代没）の墓にまでは遡らないそう。つまり玄界灘沿岸説派ならずとも三世紀半ば頃という早期にホケノ山古墳や箸墓古墳を畿内に作られては、もはやお手上げ、ということになろう。筆者が〝変形〟ではあっても東遷説派を自認する所以である。むろん彼らは無人の荒野に辿り着いたのではなく、とば口の池上・曽根遺跡（大阪和泉市）や大和盆地の唐古・鍵遺跡などの大環濠集落によって知られるように、そこにはすでに弥生人集団が古くから住み着いていた。しかし、これらの環濠集落は邪馬壹（台）國建国と入れ替わるように姿を消したことが知られている。

昨今、桜井市の纏向（まきむく）遺跡（**挿図19**）が発掘され邪馬壹（台）國の宮室跡ではないかと推定されているそう。ここから発見される土器の多くは他地域からの搬入土器であり、それらの製作地は九州を含む西日本のみならず近隣各地や東海地域に及ぶという。宮室が存続した時代に北方や東方からも弥生人が馳せ参じたということであろう。また前述の箸墓（はしはか）古墳（**挿図20**）前方部からは瀬戸内沿岸地域などにルーツのある土器が、後円墳丘部からは特殊器台など吉備（岡山県）系の土器がそれぞれ風倒木の根際から偶然に多数発見されているという。搬入土器に関わる特に後者の事実は同国建国勢力が列島西方から来たと推定する大きな根拠とされる。つまり、既述のとおり伊都國人が主体の東遷勢力ではあったが、瀬戸内沿岸諸地域、特に吉備からこの〝民族移動〟に多くが加担することで一挙に大勢力に膨れ上がった事態を示すと捉えられるからである。

また近年の報道では、吉備の国・岡山県の楯築遺跡が箸墓古墳に初例を見るような前方後円墳［**作業仮説3**：*126*頁］の祖型かもしれないと脚光を浴びた。これを踏まえ、同地のある

挿図20 箸墓古墳 桜井市教育委員会提供

考古学者は、呪力に秀でた吉備の大首長が大和に移動・進出したという見方を示し、東遷したのは卑弥呼に率いられた吉備の勢力であった可能性を示唆した。本稿の理路にとっては相容れない提言であるが、「魏志倭人伝」で吉備国に比定される「投馬國」は五万余戸の大国であるにも拘らず記述に要した漢字数が奴國と似たり寄ったりのわずか二五字であることに留意したい。しかも記述に、卑弥呼の故地にふさわしい特権的な国柄を匂わせる内容が微塵も含まれないことを併せると、さきの立論はやや根拠に乏しいと感じさせる。

6

縄文人残存勢力——西北九州人

弥生人との戦いに負け、アイヌ人は東・北走、南走以外に西走ルートでも逃げた

二系民族説を展開したことについて、改めてその大もとになる大きな見取り図を示しておきたい。この考えは、日本列島には紀元前一〇〇〇年、または八〇〇年、または五〇〇年、または三〇〇年などと開始年代は確定しないが朝鮮（韓）半島から中国起源の稲作技術を持った半島系民族が対馬海峡を渡り、北部九州に定住し始めたことがそもそもの端緒となる。この弥生早期、列島には北から南まで古くからもろもろのアイヌ人（縄文人）部族が住み着いており、当初彼らは、少人数であることに気を許しひょっとして食事や宿りを提供するなど漂着者を温かく迎えたかもしれないが、やがて三々五々の漂着で渡来者人口が増えるにしたがい争乱が始まったと見るべきである。

争乱の経過を想定するに、渡来の初期から銅鏃（銅製やじり）、のちには銅剣、鉄器などの

挿図21　ヲンネモトチャシ　ウィキペディア「根室半島チャシ跡」群から転載

金属製武器を携えた偉丈夫の渡来人は石鏃や石投弾など石製武器しか持たなかった縄文人を打ち負かし、次第に後背の山地に追い込んだことであろう。主に山地を伝いながら一部は南走し、南九州さらには琉球諸島に、一部は本州の山間地を抜けて北走し、東北へ、北海道へと逃げ延びたはず。その北走ルートの証拠になるかどうか危ういが、東北の山間部には館跡（たてぁと）と呼ばれる砦が今も遺り、青森県埋蔵文化財課によると、そこに昔アイヌ人が住んでいたと伝承を語る平地の古老もいたそうである。加えて北海道を中心にチャシ跡（**挿図21**）と呼ばれる遺構が五〇〇ヵ所以上風化に晒されこんにちに伝わる。それらは倭人と戦うためのアイヌ人要塞であったり、あるいは要塞ではなく祭祀の聖地であったり、シカなど獣類捕獲やその解体の場所であったりしたらしい。多くは中世以降の遺構らしいが、その多くは岬の先端に面崖式の壕を巡らせるなど、概念的に知るかぎりでは古代の高地性集落との近似性を感じさせる。なお旧聞に属するが、南北逆方向に逃走したあげくの北海道アイヌ人と一部南西諸島人との間にこんにちでも容姿や顔貌の相似が見られ、また沖縄の琉球犬と北海道のアイヌ犬とが遺伝子的にほぼ同じ犬種と見られることがかつてニュースを賑わせた。これらも両者の辿った命運の類縁性を想定させる貴重な手掛かりと見られるであろう。

さらに近時、弥生時代に生きた縄文人に関する新たな知見が注目を集めはじめ、図らずも拙稿の理路を援護する形となった。それは、ここ数十年の発掘や形質人類学からのアプローチにより、じつは上述のいわば東北――北海道方面に向かう東――北走ルート（アイヌ・蝦夷――エミシ）、南九州――琉球方面に向かう南走ルート（熊襲――クマソ・隼人――ハヤト・南西諸島人）とは別に、西走ルートとして第三の縄文勢力とでも呼ぶべき〝西北九州人〟の実態が明らかになりつつあること。以前から西北九州に暮らす漂海民の歴史的存在は知られていたが、一系民族説流行下では、彼らがおおむねアイヌ人であったとは誰も想定しなかったであろう。この一系民族説に疑義をはさむ余地が生まれたのは、一つには西北九州に散在する支石墓の調査が契機となったはず。朝鮮半島で紀元前十世紀に始まり九〇〇年間ほど墓制として営まれた短い四脚の碁盤型支石墓群は彼の地、特に南西部・全羅南道の光州（クァンジュ）南郊

挿図22 和順の史跡墓群 「skyticket観光ガイド」から転載

に位置する和順（ファスン・**挿図22**）にいまも数多く遺存し、世界遺産群の一角をなしている。したがって当然のごとく渡来人の墓であると考えられていた西北九州各地の支石墓群であったが、発掘によってそこから思ってもみない縄文人骨が夥しく検出され、考古学界がまさしくパニックに揺れた。

その諸例の一つは、福岡県糸島半島の最先端部に位置し紀元前二〜一世紀の秦・漢の貨幣「半両銭」や一世紀「新」王朝の貨幣「貨泉」が近傍で発掘された新町支石墓群［**作業仮説4**・134頁］（**挿図23**）。縄文人にかかわる支石墓の発見はそれ以前から陸続と続いており、同地の志登支石墓群（**挿図24**）、佐賀県唐津市の大友遺跡、葉山尻遺跡をはじめ、長崎市、長崎県佐々町、佐世保市、佐世保市の高島、平

挿図23 新町遺跡発掘現場　同展示館パネル複写

挿図24 志登支石墓群

戸島、五島の宇久島、南島原、熊本県天草市など西北九州一円におよぶ。この事実は、縄文人勢力の一部が渡来人との抗争のあいだにこんにちの長崎県、佐賀県、福岡県西部など西北九州に拠点を移し、そこに弥生人の手のおよばない〝縄文勢力圏〟を築きあげたことを明かすように思われる。先述した背振山地に籠る縄文人からの吉野ヶ里に対するおそらく常習的な攻撃こそ、〝山住み〟になじんだ一部西北九州人によるものであったにちがいない。

なお弥生時代後期にたしかに縄文アイヌ人が西北九州に定住していたという仮説は拙稿の基幹的な理路であるため、あと先となったが、ここでその具体的論拠のいくつかを挙げておこう。人骨をともなう多くの支石墓が砂中から発掘された佐賀県北部の大友（おおども）遺跡では、調査報告書によると、九五体に及ぶ人骨を精査した結果、大友〝弥生人〟は西北九州〝弥生人〟と同様に低身長・低顔（寸詰りの顔）を特徴とする。また歯の咬合が先端の出会う鉗子状であり、さらに眉間・眉上弓の強い隆起、鼻根の陥凹、広くて高い鼻骨や風習的抜歯、四肢骨の前後に長い扁平性などの特徴から縄文人の継続とみなして差支えないという。これらの特徴はおおよそ唐津以東の典型的弥生人、例えば福岡市の金の隈遺跡人、佐賀県東背振の三津遺跡人、山口県の土井ヶ浜遺跡人などとは明らかに人種を異にするレベルであると知られている（**挿図25**）。つまり当時の九州北部では唐津や糸島あたりを境として住民がおそらく縄文人系と弥生人系とに分けられるということ。ただ、残念ながら同

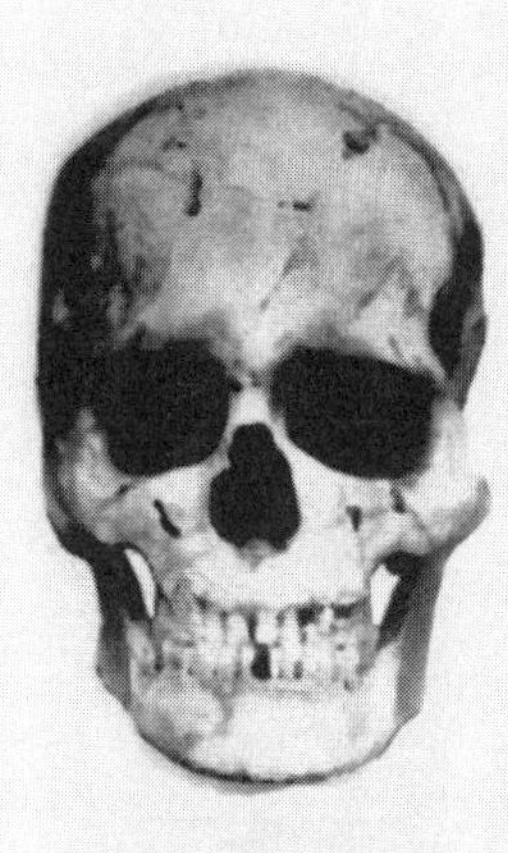

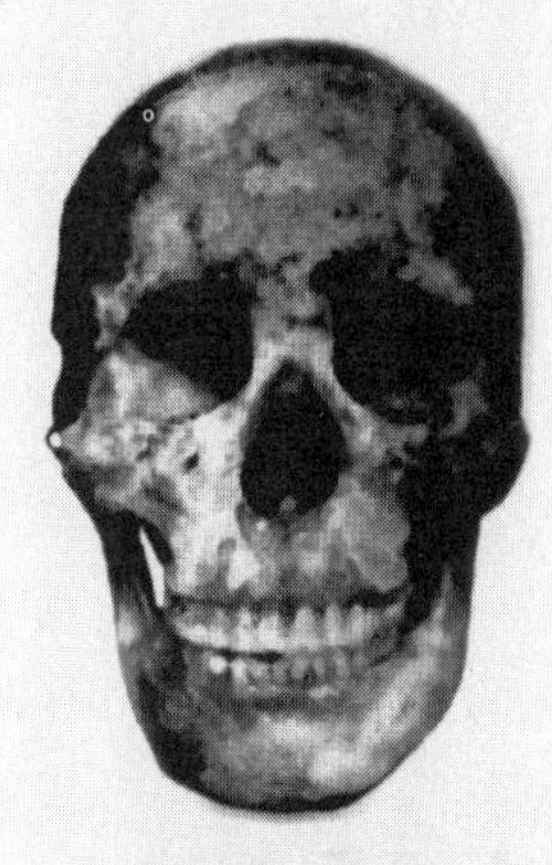

挿図25　低顔の縄文人と高顔の弥生人　原典不明

報告書では遺跡の実年代は検討されず相対年代も弥生時代全期に及ぶと記されるのみであった。

「西北九州人」の概念が誕生したのはじつはかなり古い。長崎大学医学部解剖学教室の内藤芳篤による一九七〇年代初頭の『人類学雑誌』（第七九巻第三号）における発表がおそらくその初例であろう。その中で内藤は弥生時代の深堀遺跡（長崎市深堀町）や長崎県五島列島の浜郷遺跡（有川町浜郷）、同・松原遺跡（**挿図26**・宇久町松原）など西北九州において渡来人との混血が認められない純血の縄文人形質の住民が暮らしていたことを明かしている。その相対年代は弥生時代前期後半から中期中葉に

挿図26　松原遺跡の史石墓　佐世保市教育委員会提供

かけてとされ、調査と発表が行われた一九六〇〜七〇年代初頭ごろの弥生年代観（前三世紀〜三世紀）ではその実年代はおそらく紀元前二世紀ごろからの二〇〇年間ほどに当たるだろうか。残念ながら、当時の科学水準では実年代を問うことはおそらく不可能であっただろうが、この換算された大まかな実年代が金印受贈の西紀五七年にかぎりなく近く、しかもそれを包摂する可能性すらあることは充分注目に値する。

しかし、実年代に関しては別方面から拙稿の助けとなる示唆があった。浅学ゆえの手近な資料だが、西日本新聞の二〇一八年一二月一七日電子版の「筋骨隆々の弥生人？　太い上腕の人骨出土　長崎の離島」と題した記事に、九十九島の一つ高島の支石墓「宮の本遺跡」

で一般的な弥生人のものより一回り太い上腕骨の発見が報じられた。上腕骨の生前の持ち主は、佐賀の腰岳産黒曜石を舟で奄美や沖縄に運び、代わりに装身具に加工するイモガイなどを持ち帰る交易にいそしんでいたらしく、海洋を漕ぎ渡る過酷な労働が骨を太くしたらしい。重要なことに、国立科学博物館人類史研究グループの鑑定では、これは約〝二〇〇〇年前〟の人骨と見られるといい、初めて西北九州人の活動時期が弥生後期といった相対年代ではなく実年代として示された。この判定結果は上述の内藤芳篤が示唆する推定実年代ともほぼ符合する。それだけではなく、紙上では人種的には「弥生人？」として見出しを打たれている人骨を復元すると、「その男性は一五八・二センチの身長で体重は七七・二キロ。がっしりした体格で〝縄文人〟の系譜」と鑑定された。（かなり過体重の人物だったらしいが、なぜ体重まで正確に判定できるのか記事では触れられていない。）また記事は、その形質的特徴は五島列島の宇久島や平戸島出土の人骨と同類であると言い、これを信じれば、図らずも先述の西北九州各地に所在する支石墓の縄文人由来であることが諸々の発掘報告書とは別ソースによっても再確認されたことになる。

つまり、要約すると、縄文人は金印受贈の西紀五七年という今を遡る約二〇〇〇年前の弥生後期にたしかに西北九州一円に居住し、しかも荒ぶる対馬海峡さえ漕ぎ渡るに足る優れた身体能力と航海術を身に着けた〝海民〟でもあった、と知られる。海民と言えば、末盧國（現

・佐賀県唐津市）の住民は「山裾や海浜に沿って住んでいる。好んで魚鰒を捕え、海中に深く浅く潜り、皆これを捕る」という「魏志倭人伝」一節が思い浮かぶ。この場合海民とは縄文人を指すことがすでにあらかた共通認識となっており、これも拙稿の主張に添うであろう。なお根拠は明らかでないが、糸島市文化財課からの教示によると新町支石墓群は弥生早期に遡る実年代的には二五〇〇年ほど前に形成されたと言う。それを考慮すると西北九州人は倭國大乱による勢力衰耗まで少なくとも六〇〇年以上にわたって各々の地域を占拠したことになろうか。むろんその後彼らが滅び去ったわけではない。

ところで縄文人が弥生時代後期の西北九州に多数暮らしていたことをさらに別ソースから見てみよう。それは二〇一六年刊の瀬川拓郎氏著『アイヌと縄文』である。著者は現職の旭川市博物館館長であり、「(日本人は）弥生文化を選択した縄文人の末裔である」と考える「二重構造モデル」支持の一系論者とみえる。アイヌ史の専門家であることから北海道から見た縄文・弥生の時代観による語りに堪能であるが、アイヌ人がＤＮＡや形質の比較において縄文人にもっとも近い特徴をそなえ、実際に縄文文化の伝統を受け継いでいることはむしろ旧聞に属すると考えておられるもよう。その上で著者は、アイヌ由来の地名や単語が北海道は当然として東北地方にきわめて濃密に残存している事実をロシア生まれのアメリカ人言語学者ヴォヴィンA.Vovinによる二〇〇八年の研究成果などを引用しながら解説する。そのなかで、九州にとってきわめて重要な指摘がなされたのでやや念入りに説明すると、時を意味する「しだhida」という古代中央日本語にはまったくみられない言葉が『万葉集』東国歌、防人歌以外では何と『肥前風土記歌謡』（肥前とはこんにちの佐賀県・長崎県）だけに見られると言う。「しだ」はじつは言語学的研究によってアイヌ語から借用語であると突き止められたと言い、他にも同様の例としてアイヌ語で岸を意味する「ひぢはpitipa」という言葉があり、これも東国以外では『肥前国風土記』にしか見られないそう。

それではなぜこの奇妙な言葉が肥前国の一部に〝孤立的〟にみられるのか、と著者は解説を進める。それによると、

『万葉集』や『肥前国風土記』が編まれた奈良時代は、この日本語（しだ、ひぢは）の成立からすでに一五〇〇年以上も経過しており、日本列島の縄文語＝アイヌ語は、北海道をのぞいて、わずかな単語が東国や九州の一部に方言として残る状況だった。

しかしそのわずかな単語が、具体的には平戸・五島列島、島原半島・その対岸部をふくむ旧松浦郡や高来郡になぜ〝奈良時代〟まで残ったのかについて次のように述べる。

実は、九州北部のなかでも長崎県とその周辺でみつかる弥生時代の人骨は、縄文人の特徴を強くみせており、（中略　筆者註：彼らは言葉を含めて）この地にいた縄文人的特徴をもつ漁民・海民の、奈良時代における姿だったのではないでしょうか。

つまり、ついにここで先述の弥生時代に生きた西北九州人による「縄文勢力圏」に繋がってくる。彼らの一部は弥生時代の倭國大乱で負けても西走の果ての九州最西端でその後も長らく命を繋いでいたらしいと知られる。

理路としてはおそらくこれで〝全通〟したであろうが、さらに同著の記述を借りながら補強すると、『肥前国風土記』には松浦郡値嘉（ちか　筆者註：長崎県五島列島の小値賀島［おぢかじま］か）の漁民は、顔かたちが隼人に似ており、その言葉は土地の人びととは異なると書かれているそう。ちなみにさらにくだって近世から近代には縄文文化の伝統である「イレズミと抜歯」の風習は近代アイヌのみならず、五島列島や西彼杵半島を根拠地として活動していたという家船（エンブ、エブネ）漁民にも残っていたという。家船漁民とは陸上に住居を持たず一生を船の上で送った漂海民であり、何と近代、それも一九六五年（昭和四〇）頃まで五島列島でその縄文的海民型生活を守り続けていたらしい。同著によると彼らは、自分たちの捕った魚などが銭で買われることを好まず、陸上の知人に贈り物として与え、その返礼として祭事に招待をしてくれることをよしとし、そのような関係を「親戚」とよんでいました（木島一九九二　筆者註：木島甚久）。このようなモノの売買にたいする忌避もまた、縄文伝統ということができるのです。

もっとも、家船研究家である鳥取環境大学・浅川滋男氏の論文「東アジア漂海民と家船居住」（二〇〇三『同大学紀要一』）に基づいて推測すると、日本の家船漁民は地域的に瀬戸内系と西北九州系との二集団に分かれるもよう。前者は広島県に住戸などの陸上拠点を有し瀬戸内地域で通常の漁撈に勤しむ一方、後者は陸上に拠点を持たず西彼杵半島や五島列島の周辺海域で活動しながら、古くは倭寇として半漁半賊的生活を送ったようである。したがってこれらの民俗学的視点も後者・西北九州系が縄文人の血脈を引くと想定する本稿の理路に期せずして合致する。とにもかくにも、奈良時代以降では徐々に混血が進んだとは言え、近代に入っても縄文文化の伝統を色濃く受け継いだ人々が実際に九州最西端の海域で永らえていたとは驚き以外の何物でもない。なお、本論とは直接関係しないが興味を惹かれるのは、偶然の一致ではないと思うが、——これらの地域がほぼそっくり潜伏キリシタンの版図と重なること［**作業仮説5・***138*頁］。

挿図27　八重干瀬（ヤビジ）宮古島教育委員会提供

ちなみに、話をもとのアイヌ語問題に戻すと、ほとんど旧聞に属するかもしれないが、隼人や熊襲といった南走の縄文人が沖縄にまで辿り着いたことは人々の外貌などだけでなく言葉の上でも当然窺える。証拠能力に優れた例を一、二紹介すれば、干潮時に海中から現れる島状の土地を指す日本語は「潟（かた）」または「洲（す）」であるが、アイヌ語ではpisiと発音される別様の言葉。この発音が、国指定天然記念物に指定された宮古島沖合のサンゴ礁群「八重干瀬（ヤビジ）」（ヤピシとも　**挿図27**）に明確に名残を留める。ちなみに、そこは春の大潮の干潮時にだけ海上に姿を現し一昔前までは観光客らが船で乗りつけ魚貝類を手掴みする実利を兼ねた遊興場所であったが、今は年間にわたる絶好のシュノーケリング・

スポットとして名を馳せる。またアイヌ地名懇談会・門田英成氏の指摘によると、アイヌ語で「ピラ」piraと発音される言葉は近代になって漢字の「平」が当てられたが、もとは険しい崖のような地形を指す言葉であり、平らな土地を意味しなかったそう。しかし沖縄ではピラはいぜん崖（急坂）を意味する地名として伝わるといい、筆者の調べた限りでは那覇市の蚊坂（ガジャンビラ）や南城市の新里坂（シンザトビラ）などが普通にアイヌ語の名残を残す地名と判定される。ともに急坂の地形をなす点が共通する。翻れば、むろん本家門元・道内にも同種の例があり、勇払郡の安平（アビラ　一説に「光の崖」の意）町がその代表。なお、西北九州では長崎県の平戸や田平にそれらしい響きを認めるものの残念ながら確証を示すにはいたらない。

以上、縷々述べ来たったことから、二世紀の倭國大乱以前では日中交易の主人公は引き続き縄文アイヌ人、とりわけ西北九州人であったと言え、長い目で見れば渡来人勢力に押され徐々に勢力を弱めていたものの彼らこそが訪漢時に列島の代表者「大夫」を名乗ったと推定される。光武帝も彼らを列島の支配者と認定したあかしとして金印を下賜したであろう。当時おそらく縄文対弥生の抗争はすでに風雲急を告げ、中国から認証を受けることで縄文人勢力は時局を有利に運ぼうとしたものと見える。いわば縄文版〝錦の御旗〟である。真印派の国際日本文化研究センター教授・倉本一宏氏も『東アジアの古代文化一三七号』で、

挿図28 原の辻遺跡 『壱岐砂浜図鑑』画像提供

金印の「委奴國」も（中略）単に後漢に冊封された倭國のことと考えるべきなのであろう。（中略）当時の後漢は、金印を下賜した国を、倭國の中央政権と認識していたことを示している。もちろんその史実性は問題であって、自ら「大夫」などと称した使人の情報に基づくものであろう。

と述べる。もちろんその碩学も「下賜した国」がまさかアイヌ人の国とは想定されていないかもしれないが。

なお、拙稿の理路からすると、訪中使節が倭國大乱以前と以後とで人種的に入れ替わったことになるはずなのに中国側がそれに気づかなかったのはおかしい、と訝る向きもあるだろう。これに対しては、大乱以前の最後の訪中は西紀一〇七年のことであり大乱以後の最初の訪中は卑弥呼晩年の二三八年とされることから、その間一三一年の長きにわたって倭人の訪中はなかったため、たとえ人種が入れ替わっていても中国側には認識できなかっただろう、というのが筆者の考え。さらに、先述した仰天の支石墓問題にしても、彼らが朝鮮半島西部を経由するルートを採った場合南西部の碁盤式支石墓を目にする機会もあったはずであり、そのどっしりとした存在感に惹かれ郷里・西北九州の墓制として模倣したものと解することもできよう。このように二系説で推論すれば、かつて日中交易の当事者であった西北九州の有力アイヌ人勢力が渡来人に屈し最終的に志賀島に落ち延びた時、金印を携えていたことには何の不思議もない。

ちなみに二系説は長崎県壱岐の「原の辻（はるのつじ）遺跡」（挿図28）と「カラカミ遺跡」とについても言え、前者は弥生人集落、後者は縄文人の高地性集落と考えたほうがよいのでは、と思わせる。なぜなら、原の辻では住民はおおむね稲作民であるのに対し、六キロメートルほど遡った標高八〇メートルの高地にあたるカラカミでは、縄文の指標となる貝塚が発見されており、麦食もあったらしいとはいえ住民は魚、鯨、アシカ、鳥、牡蠣、二枚貝類、サザエなど主に海の幸を主食とする漁撈生活を送ったと見られるからである。カラカミは原の辻とは逆方向の海に開けていたため海産物を確保するうえでの不便はなかった。同地の専門家は両者間に組織的抗争はなかったとするが、地形的に見て両者の交流は難しかっただろうとも語る。さらに原の辻の環濠からは乱暴に遺棄されたと見られる低顔（寸詰りの顔）の縄文人頭骨が発見されている。さらにはさきの内藤芳篤の報告によれば、壱岐郡石田町の海岸砂丘から検出された大久保遺跡からは明らかに縄文人形質と分類される弥生時代人骨が発見されている。つまり、弥生時代の壱岐においてもやはり縄文人は縄文人のまま生活していたわけ。これらを考えあわせると、一大國（壱岐）は縄文対弥生の抗争の島、とまでは言わずとも少なくとも、両集団が互いの交流を避けたまま敵対的に対峙した島、いう線は筆者にとって捨てがたい。

7

おわりに

演繹的推論による二系民族説のすすめ

筆者は、先に述べたように考古学者でも人類学者でもない。したがってあらゆる発掘報告書や関係文献に全て目を通せたわけではなく、ましてや発掘作業に関わった経験もほぼない。しかし素人なりに考古学に対する興味を長年持続させた結果、考古学とはその魅力もさることながら何と難儀な学問であることか、との思いを一層深めるに至った。金印についてのみならず、あらゆる問題が多様性の只中にあり、それを鑑別する基準（定義）自体が常に定かでないように見える。いわば、ゴールポストがいつの間にか動いていた、というような事態があらゆる局面で頻繁に起こる。このような状況の只中にあって問題の本質に迫るには、何と何とが対決したかという確固たる〝大きな絵 big picture〟が必要であり、全ての事象をこのようなカテゴリー（思考の普遍的枠組み〔**作業仮説６**・*144*頁〕）によって分別していくことが有効ではないかと確信する。なぜなら歴史の本質が「敵対と戦争」であり、「友好と同盟」

はその大枠内でのフェーズにすぎないことは、こんにちの国内外の情勢を鑑みて誰もが納得できるはずと筆者には思われるから。本論では、縄文人と弥生人とがおおむね和合することなく敵対し、抗争し、縄文側が負けたことで列島の端々に追いやられ、一部は生き延び、一部は滅んだという大きな動態的な枠組みを根底に据えた。多用した「〜はず」という用語法はこれに基づく推量方法であるが、それだけでは証拠不十分と批判されることを見越し、現時点で必要にして能うかぎりでの発掘や研究の成果も取り込んだ。しかし本意を言えば、上述の枠組み、つまり二系民族説によってのみ金印埋納地についての途轍もない謎が先史時代の諸事象ともども一貫的に理解されるのであり、そのことが何をおいても拙稿の確からしさの証拠となりはしないか、と考える。

こんにち、先史時代の実相を明るみに出す試みは考古学のみならず人類学、解剖学、文化史学、美術史学、言語学、宗教史学、民俗学など多様な分野からおおむね縦割り式に進められているようである。ただ、個別分野を超えて総合的な立場から何らかの解明を行うには上述のような多岐にわたる広範な分野への習熟が必要となり、これを遺漏なく達成しようとすれば人並み優れた知力と努力が要請されるだろう。一朝一夕どころか一生をかけてもまっとうな成果は得にくいとも言える。その意味で本稿は、理路を尽くそうと努力したにもかかわらず、筆者の力量不足を反映して、反っていくつかの危うい臆断を含むことになったかもしれない。したがって、本稿を反面教師として扱うべきとの講評が（予定通り）寄せられたように、専門家筋から決して高く評価されないだろうことは筆者が一番よく承知している。しかし、本稿の理路が「このような考え方も可能なのか――」と読者の想像力や知的好奇心を掻き立て、さらには考古学のみならず、歴史、宗教、芸術、文化、文学、音楽、スポーツなどに通底する〝意味の世界〟に読者の興味を引きよせるきっかけになればライターとしてこれに越したことはない。以下の長文を弄した「作業仮説」の数々もそれに向けてのささやかな趣向と言える。むろん、作業仮説6以外の仮説は本稿が二系民族説に拠るからこそ生じる論点であり、さらに言えば、その限りでの論点でもある。

8

作業仮説

*1〜6

＊作業仮説 *I*

渡来人は半島での争乱の敗者か

渡来者勢力は先史時代に遡る朝鮮半島での争乱の敗者側であったことが両国関係の歴史に長く影を落とし続けた

朝鮮半島などから日本列島へと渡って来た人々については、日本の国体観や皇室の歴史に関わる問題でもあるためか、その詮索に対しては有言無言の圧力がかかり考古学の発展にブレーキをかけてきたかに見える。その状況はこんにち多少好転したようであるが、大筋では大して変わらないだろう。そのため、そのイシューに関し多くの学者やメディアが忖度して学的探究を回避しているかもしれないし、最初から問題意識が念頭にないのかもしれない。その結果、素朴だが本質的な問い〝何が半島人を渡海へと駆り立てたか〟というテーマが必ずしも充分検討されてこなかったように見える。たしかに、暖かい地域に新たな入植地を求めたか交易を求めたかに決まっているだろう、と言う意見は重要であろう。それは噛み砕けば、後掲の朝岡俊也氏講評にあるように「寒冷化に伴う韓半島南部での食糧生産の減少による人口圧で押し出された人々が渡来したという意見（宮本一夫・二〇一三など）や韓半島の人々が主体となって列島に故地と同様な社会を再現し、彼らの世界を拡大するために技術を移転して社会づくりを進めていったという意見（武末純一・二〇一二）」として理解されよう。しかし管見では、今を遡る三〇〇〇年もの昔から、半島に永遠の別れを告げ、波頭高き玄界灘を籾の袋などを携え、女子や幼児を帯同しておそらく丸木舟で漕ぎ渡ろうとした一か八かの命がけの行為にはもっと切実な動機が要ると思える。島影が見えれば勇気づこうが、ふつう釜山から対馬北部が微かに見える程度であり、海事に慣れていなかったかもしれない半島人が小舟で漕ぎ出すには途轍もない勇気が要ったと推定できるからである。

実際、こんにちでも博多港から釜山港まで高速船で渡海すると、中間地帯では島影すら見えず、玄界灘とはこんなに広大で波が高いのだ、という実感が湧くもの。およそ三〇〇〇年前に始まるとされる渡海の状況は詳らかでなく証拠も充分でないため決定的なことは言えないが、渡来人の中心的定着地が列島日本海側の半島部などに比較的多そうに見えることをどう考えるか。例えば福岡県の宗像、山口県の土井ヶ浜、島根県の出雲半島、兵庫県の丹後半島、石川県の能登半島など、とにかく日本海に突き出た〝出っ張り〟に拠点が多いと見えないだろうか。当時渡海に挑んだ者は凍える冬の荒海を避け穏やかな季節を選んだはずであるが、対馬暖流の流速は夏季が随一であり、その場合最速で時速五・六キロメートル（『九州沿岸水路誌』二〇一六）におよぶ潮流に翻弄されることになる。さらに対馬海峡の狭隘部では満潮に向けて潮流は日に二度一層たけだけしく日本海に流れ込んだにちがいない。そうすれば漕ぐスピードより潮流のスピードがおそらくはるかに勝るため、彼らはあれよあれよという間に日本海側に流されたはず。遠くの列島島影を横目に見る苦難の漂流のあげく、命からがらそれらの出っ張りに引っ掛かったということになろう。引っ掛かればいい方であり、多くは日本海の大海原に漂い出て、食料不足や転覆事故で落命したのではないか。

なお、近年、南西諸島において海洋政策研究所や国立科学博物館などの連携により三万年前の渡海を再現する試みがニュースに載った。試作した草束舟や竹筏舟ではスピードが出ないため海流に流されてうまく行かず、最後は当時あったはずもない丸木舟を用いてようやく台湾――与那国島間の渡海に成功したと報じられた。弥生とは時代設定が異なるが、太古のことゆえ弥生時代にいたる間の渡海技術の進歩はきわめて緩やかであったことだろう。石包丁では草舟用の草を切り揃えるだけで大仕事であっただろうし、竹となればなおさらのこと。丸木舟は縄文時代半ばには建造されていたらしいが、櫂（パドル）で漕ぐ段階に長らくとどまり、櫓（オール）への進化が確認されるのは古墳時代に入ってから。もちろん帆船があれば航海は飛躍的に楽になったであろうが、弥生時代頃の半島にそれが存在した可能性は皆無とされる。

このことで筆者が言いたいのは、ことほど左様に渡海は困難な試みだったはずということ。したがって強い動機が必要であり、その動機こそが朝鮮半島各地で繰り返されたはずの内紛、争乱ではなかったかと想定されよう。原三国（馬韓、辰韓、弁韓）時代以前には典籍にかろうじて記録されているらしい衛氏朝鮮や箕氏朝鮮、それを遡るほとんど神話的な檀君朝鮮など朝鮮半島には古くから人々の営みがあったらしい。域外勢力からの圧迫や豪族同士の抗争はおろか、権力承継をめぐる身内の争い、その権力を奪取しようとする側近の反乱など争いごとはおそらく数知れずであっただろう。そして、言いにくいことであるが、玄界灘を渡った多くはその戦いでの敗者たちであったのではないだろうか。勝者はむろんその土地から動く必要はなく、敗者だけが故地を捨て、命を賭してでも新天地を求めなければならない。この勝敗関係こそがその後の列島と半島との外交・交易における基調音を定めたのではないだろうか。言い換えれば、それを想定しないかぎりその後長らく続いたとおぼしき本邦の親中国・嫌半島の基本姿勢はうまく説明できないようにさえ見える。

真贋論争があるものの高句麗の広開土王碑文によれば、四世紀末から五世紀にかけ日本は朝鮮半島に攻め入ったことが何度かあり、しかもそれ以前にも記録には残っていなくともいわば〝雪辱戦〟を戦うため半島に出兵したことは幾度かあったであろう。『日本書紀』などに記される任那日本府の定義については議論百出しこんにちでも容易には定めがたいようであるが、この議論の顛末自体が出口のない迷宮のような趣を呈し、本邦と半島とが古来ただならぬ関係にあったことを実感させる。ただ六世紀頃、かの地におけるヤマト政権の最後の地歩が失われたらしい、とは言えるのであろうか。また、西紀六六三年に友好国百済が唐・新羅連合軍に攻められたときも日本は救援のため軍隊を送ったが百済ともども手痛い敗北を喫した。この未曾有の国難に際し多くの百済系の人々が日本に逃げて来たらしい。またその五年後に同連合軍によって滅ぼされた高句麗からも多くの遺民が日本を目指したという。これらを最後の契機として、目立って彼我の交流がなくなったように感じられる。一〇世紀以降国交を求めて来た百済の後釜・後百済（こうひゃくさい）王国やその後の高麗王国の希望もともに撥ね突けたという。(任那に次いで) 友好国百済も失い甚大な人的損失を経験したあとの半島には勝者としての敵性人が跋扈していると案じ、しも手に出る外交を忌避したのであろうか。

ふり返れば、仏教のみならず何と儒教も道教も六世紀に相次いで百済から日本にもたらされたが、その後日本の僧侶や留学生はことごとく〝訪中〟して学殖を積んだ。つまり特に百済亡き後は、一衣帯水であるにもかかわらず半島の国々をことさらに蔑ろにしたかに見える。八世紀初頭に成立したとされる記紀神話で、〝九州南部〟に降臨しその後その地から東遷を開始した勢力が大和橿原に到達しヤマト政権を興した旨が記される。このように建国神話での故地としてこんにちの宮崎、鹿児島両県にあたる日向地域の重要性がことさら強調されるのは、敗者としての、あるいは半島ルーツとしての出自から眼を背けたかったからではと勘ぐりたくなるほど。平安時代の八六九年には新羅の海賊船が博多を襲い、一〇一九年には女真族によるいわゆる刀伊の入寇で対馬、壱岐、博多などが激しい攻撃にさらされ、かつてない規模で来襲した元寇（文永の役・弘安の役）では高麗兵も多く加わった。『ウィキペディア』によると、かの地からの侵攻はそれらのみならず「九世紀から一一世紀に掛けての日本は、記録に残るだけでも新羅や高麗などの外国の海賊による襲撃・略奪を数十回受けており、特にひどい被害を被ったのが筑前・筑後・肥前・肥後・薩摩の九州沿岸であった」という。

ここで本論の理路に関わる重大な疑問が立ちあがる。瀬川拓郎氏の前掲書によると、新羅の海賊船による博多来襲の背後には何とこんにちの長崎県、佐賀県など肥前国の海民勢力（縄文人系）からの後押しがあったという。つまり西北九州人はヤマト政権（渡来人系）にとっての敵方新羅を応援したことになる。上掲の他の襲撃事例などでも同様であったかは詳らかでないが、〝一度あることは二度ある〟と言えるかも。つまり重大な疑問とは、なぜ西北九州人は半島勢力を後押しし、選りによって自らの住む地域の〝沿岸部〟を攻撃させたかという点である。短兵急な解釈になるが、それは、西北九州人は憎むべきヤマト政権が半島勢力とは基本的に不仲であること、さらに言えば渡来人が半島からの敗走勢力であることを知っており、「敵の敵は味方」と考えたからではないか。もし彼らが、渡来人中心のヤマト政権を半島諸国の出先政権と考えたなら、両者は当然仲が良いはずだから、彼ら西北九州人が半島国家との結託を企む余地はなかった。そもそも西北九州に住まう縄文人は、先祖代々の故地に陸続と押し寄せて土地を奪った半島人の所業を目の当たりにしてきたはず。文字記録を残さなくても彼ら西北九州人の反大和政権的行動様式自体がそのような伝承的認識の所在を示唆してはいまいか。

ちなみに、話は雑駁になるが、もし渡来人が単なる移住者であり戦乱での敗者でなかったら、渡来後も故地への憧憬の念がわだかまり、何世代を経ていようが時には故地の遠戚を訪ねる旅に発つこともありえただろう。例えば数十年前ごろから米国ではアフリカ系米国人が自分のルーツを探してアフリカ大陸にわたり、伝承に聞く郷里の村で数世代を隔てた遠戚を発見し互いに感涙にむせぶ、といった感動の光景をテレビで何度か見た。同様に、渡来がもし単なる移住であったら、亡くなった祖先を尊崇する心性はとうに芽生えていたはずだから当然数世代越しの墓参帰国もありえたはず。現地に居残った一族郎党の去就を思いやる慕情も年月を経たからといって容易に消え去るものではあるまい。しかるに、実態はむしろ真逆。つまり渡来人は渡来を契機に母国とは、大袈裟に言えば、すっぱり縁を切ったかのように見える。彼らが故地に思い残すことは何もないと判断したとすれば、それは男子も女子も老いも若きも一族郎党揃って渡海したからであり、それこそ彼らが敗走した証であると言えないだろうか。

もっとも、話は縄文人、渡来人、半島人の三竦みになるためとうてい一筋縄ではいかず、室町時代には肥前に本拠地をかまえる倭寇（縄文人系と比定）が渡来人の故郷である朝鮮半島などを荒らし回ったこともあった。手強くなった倭人と争うのを避ける代わりに半島人を倭人と見立てたいわばうっぷん晴らしであっただろうか。ややこしい矛盾した言い方になるが、今度は„敵の敵も敵“というわけ。それでも室町時代には李朝信使の数度の来日があったが、それも秀吉の二度にわたる彼の地出兵と人質拉致とによって閉ざされる。江戸初期から本格的な朝鮮通信使の公式来訪が実現したが、陶工ら拉致被害者帰国交渉などの懸案がわだかまる中で親善とはいえ政府間では特段打ち解けることもなく、一九世紀始めの第一二回をもって終了。

その後のことは拙稿の関わる問題ではないが、要するに、日本と韓国との間には三〇〇〇年の昔から〝同一民族〟の勝者対敗者のシコリといったものがじつは根っ子にあって、特に〝敗者渡来人〟にあってはそれが潜在意識のなかに深い遺恨や敵愾心となってわだかまり、時としてマグマのように火道を吹き上がるかのように筆者には見える。逆に勝者半島人からすれば、儒教道徳にも後押しされ、「昔は我々が全てを日本に教えてあげた」から「韓国＝兄、日本＝弟」であるのになぜ弟は年長の兄を尊敬しないのか、というフラストレーションをたぎらせることになろう。このような問題設定は日本人一般の常識とは逆を行く天邪鬼な考えかもしれない。いずれにせよ、大した根拠もなく大口を叩きみっともないとは承知しているが、このような案件の潜在的可能性が歴史家によって指摘されたとは聞かないので、妄説の誹りを受けると知りながら、こんにちの政治にも尾を引く日韓間の知られざる最も根底的な大枠としてちょっと触れてみたまでである。

＊作業仮説2 環濠の断面形の意味

V字型はイノシシ捕獲用（のち対アイヌ防御用に転用）で、U字型・逆台形型は対アイヌ防御専用であり、用途が異なる

藤原哲氏の研究報告「弥生社会における環濠集落の成立と展開」（二〇一一『総合研究大学院大学文化科学研究』第七号）は大部ではないものの広範なものであり、研究史に始まり、環濠集落の成立、その展開、その分類について考証し、最後に「環濠集落・環濠遺跡の一覧」を登載する。この一覧は韓国と日本（東は茨城県まで）で検出された全二九八か所を網羅しており、筆者のような浅学には大助かり。これにより時代や地域によって異なる環濠集落や環濠のありようが手に取るように分かる。むろん墳墓だけの遺跡は含まれない。分類については、環濠のなかに集落がある正真正銘の環濠集落、環濠内に貯蔵穴だけがある環濠、はたまた環濠だけあって中に何もない環濠など多様性があるが、実際には環濠を伴わない普通の集落（筆者註：最初期水田遺構は検出されたが環濠は検出されない佐賀県菜畑遺跡などの例）の方が集落全体から見ると大多数を占めるので誤解なきよう、と著者は注意を促す。その

意味では環濠集落は全体的には少数派の存在であるらしい。ただ、発掘作業を伴う学の常として未発掘のまま地下に埋もれている環濠もまだ多数あるかもしれないから、恒久的な見解ではなかろうが。

いずれにせよ問題になるのが、それでは前掲のただの空白の地面を囲う環濠や、あっても貯蔵穴だけ、という用途不明でミステリアスな環濠は本当のところ何のために作られたのかという疑問である。このタイプは北部九州や山陰などに散在する初期環濠によく見られるというが、あまりに謎めいた話で取付きも乏しいせいか、まだ考古学者の間でほとんど検討は進んでおらず、むしろ放っておかれたままと言ってよい。手近な例では福岡県の板付遺跡（集落説もある）、那珂遺跡群、有田遺跡群、大井三倉、光岡長尾などの遺跡が該当する。そこで詮索好きな筆者は、これはイノシシ猟用に作られたものかも、という仮説を立ててみた。眉唾として笑い飛ばされるかもしれないが、本人はいたって真面目であり、いらい状況証拠を揃えようと努めてきた。

それはさておき、イノシシは夜行性であり、どんぐり、タケノコ、キノコ、百合の根、山芋、栗の実、米、またミミズやカエル、時には大型動物の死肉を食べるなどかなり悪食。そのような餌を環濠の真ん中の空白地帯に撒いて夜間にこの獣をおびき寄せ、環濠の陸橋を渡ったのを見計らって木戸を閉め、棒を手にして追回せばこの獣は環濠に飛び込むしかない。

いったん飛び込めば環濠の縁から投石や弓矢で簡単に仕留められ、翌日の夕餉には牡丹鍋が待っているというわけ。ちなみに例えば板付遺跡では環濠内から実際イノシシの骨が見つかっている。むろんシカやウサギはイノシシと違い草食性であるからこの誘いには乗らない。なお環濠の濠は本来水を満たした堀の意味であるが、弥生時代の環濠は水堀ではなくほぼ空堀であったとされるから正確には「環壕」とすべきであろう。

ところでイノシシ猟用という推測をかつがつ可能にさせるのは次の点である。何も機能を持たない構造物を人が作るわけがないという確信のもとに造成意図を絞り込んでいくと、重大な決め手として浮かび上がるのが環濠の断面形であり、それがこの場合V字型であること。このような空白地帯を囲むだけの、あるいは内側に貯蔵穴のみを有する初期環濠のほとんどはV字型断面をなし、U字型でもその近縁種の逆台形型▆でもない。端的に言えば、一覧上の末尾の「断面」でVとあればその行を辿ると「内部構造」の項に「何もなし」「貯蔵穴のみ」など非集落を示す文字と出会うことになる。愚考するにV字型の利点は、イノシシが落ちたとき脱出行動が著しく制約されること。つまりこの哀れな獣は、掘った土で嵩上げした濠外縁の崖を登ることができず、さらに、底部に向けてさらに深く切れこみわずか二〇センチほどの幅しかない〝V字谷〟の底をよろよろと直線方向にしか動けないから、濠の上から投石すればたやすく仕留めることができるはず。

しかし興味深いことに、一覧表によると弥生時代後期の環濠集落では打って変わってＵ字型や逆台形型断面が主流となる。この対比こそが意味を探る最重要ポイントであると筆者は考える。この場合環濠内に集落があったのだから環濠の目的はむろんイノシシ猟であったはずがなくむしろ敵人撃退。本稿の理路に即して述べれば、それは縄文人を敵と見立てた防御用であったと思われる。Ｕ字型や逆台形型だと掘りあげた土の嵩がＶ字型に較べて倍増するはずだから、その土を使い濠の壁高を高めることができるほか、濠壁がより垂直になることで落ち込んだ敵を這い上がりにくくする効果がある。あるいはこれを見ただけで敵は突破する意欲を殺がれるかもしれない。その意味でＵ字型や逆台形型はＶ字型以上に高い防御効果を凹凸部によって発揮したはずであろう。ちなみに掘り上げた余剰の土をＶ字型ではイノシシが逃げにくいよう外縁部に、Ｕ字型や逆台形型では突破を試みる敵の戦士が這い上がりにくいよう内縁部に盛り土したはず。

これらのパターンは、北部九州で見るかぎりほとんど問題なく適用できる。ちなみに吉野ヶ里歴史公園の歴史専門員・森田孝志氏によると、二重環濠を持つ同遺跡では一部の外環濠が逆台形型に掘り拡げられた経過が掘削調査によって明らかであるという。最初はその断面はＶ字型（一覧表でもＶ）であったが何らかの事態が生じてそのように修正されたらしい。しかし内側の環濠は当初から一貫して逆台形型であったという。掘りあげられた土砂は内外の濠とも内縁に高く積み上げられたはずであるが、調査では過去における土砂の流出のためか土塁の存在は確認できなかったという。むろん筆者は後述するように、土砂は自然的流出ではなく、戦乱の世が終わり不要になった濠の埋め戻しに使われたと考えるが。いずれにせよ古代、V字環濠のU字化または逆台形化工事は近在の松原遺跡、福岡市内の今宿五郎江遺跡を始め各地で確認されるそうである。ただその〝飛び火〟の範囲についてはいわば最深部の情報であるため専門家ならぬ身で入手するのは容易でない。

これに対し、関東地域においては弥生後期の環濠集落のほとんどがV字型環濠を備えると一覧表は報告する。想像するに、吉野ヶ里の変更例を逆転させて、U字形・逆台形がのちにさらに大きいV字形に掘り拡げられる事案は関東など他地域ではあったかもしれない。拡幅された場合は以前の濠は原形をとどめにくいから検証が難しいと言えようが。いずれにせよ大筋としてはこんにちの神奈川県、東京都、埼玉県、千葉県など関東一円では、北部九州と様相が異なり、弥生後期の集落ではV字型環濠が最終形体として大勢を占めていたと確言できよう。逆茂木や柵列、土塁と併用すればその形こそ敵人防御において効果的であると関東系の弥生人は考えたに違いない。なかなか一筋縄ではいかない問題であるが、纏めれば、環濠の造成意図が時代や地域によってイノシシ猟用と縄文人対策用との二種類に分かれ、その違いの指標となるのは、繰り返すが、濠の断面形――V字型はイノシシ猟用から後には縄文人対策用へとシフト、U字型や逆台形型は一貫して縄文人対策用――ではないかと想定される。このように見れば、弥生後期、特に後期末葉とは、遠くは関東以西まで縄文人対弥生人の大規模な戦い、つまり倭國大乱一色に染まった時代であったと言えるかもしれない。

ちなみに、最後に既述の理路を混乱させる話となるが、一覧によると先述のとおり環濠集落は北部九州では弥生時代後期に広まったものの、香川県や大阪府、奈良県、滋賀県など近畿地方では弥生前期から中期にかけてU字ないしは逆台形の濠で囲われた環濠集落がすでに成立している。この時代にあって集落を囲む環濠は少数派であり、その稀少な例がこのように近畿地方を中心に見られ、しかもこの地域には高地性集落も数多く遺されている。したがって理路を優先させれば縄文人対弥生人の激闘は、この地域に限ってはすでに弥生時代前期から始まっていたことになるが、ここは短兵急に結論を急ぐべきではなかろう。なお環濠集落や環濠は三世紀後半、弥生から古墳へと時代が移ると急速に廃れ、ヤマト政権の力が急速に列島西半分全体に広がったことを伺わせる。つまり環濠集落に暮らした弥生人は環濠を埋め戻して恭順の意を示しそのまま新しい中央政権の下に組み入れられた。この事態こそが大乱の敗者は紛れもなく縄文人であり、古墳時代初頭にいたって弥生人はようやく先住民の脅威から解放され、環濠を無用とする社会が到来したことを傍証すると見られる。つまり筋違いではあったが、渡来人は〝江戸の仇を長崎で討つ〟、つまり作業仮説1との係わりとして言えば、半島での敗戦の仇を縄文人退治で購ったのかも、ということである。

＊作業仮説3 前方後円墳はなぜ八角墳に交代し円墳・方墳はそのまま残ったか

前方後円墳は男女交合を象った造形と見られるが、その卑猥な外観が仏教渡来後見咎められ上品な八角墳に交代した一方で、もともとニュートラルな円墳や方墳は影響を受けなかった

前方後円墳は三世紀半ばに築造された最初期の箸墓古墳以来、北海道や青森、秋田など東北地方を除く全国津々浦々に急速に広まったヤマト政権を象徴する墳墓形式。全国で都合五〇〇〇基を数えることから中央新政権のこれまでにない権勢の強さを窺わせる。ただその起源に関しては、本文で触れた楯築遺跡では『吉備の弥生大首長墓』（二〇〇七　福本明・著）所載の復元図が示すように、細長い突出部が一ヵ所ではなく南西方向と北東方向とに二ヵ所あったと確認される。さらにドルメンが立ち並ぶ墳丘部も異様な景観を呈し、それや

これやで前方後円墳の祖型とするのはやや苦しいところ。形状的出自に関しては、ほかに播磨の前方後円型墳墓や橿原市の前方後円形の円形周溝墓なども候補とされるが、まだ確実視されるほどではないもよう。したがってなぜキィホールのような形の古墳が大和盆地に三世紀半ばに突如出現したのかまだ確言できないらしい。

しかし、概して言えば、このユニークな形の古墳はおおむね六世紀後半に突如として築造が停止されたらしく、入れ替わりに八角墳の新たな登場をみた。一方、円墳と方墳とは古墳時代初期から終期まで継続的に作られ、その間大きな形状的変化を被らなかったため、前方後円墳から八角墳へのこの交代は古墳時代における突出した出来事として印象づけられる。筆者は以前から前方後円形の形状の含意について興味を抱き、そのユニークな形がほかでもない蘇我氏の時代の始まりとともに廃せられたことがその意味を探る重要な手掛かりであり、その時代的一致は偶然ではないと睨んでいた。しかもそれと並行しながらも円墳と方墳とはなぜ廃されず曲がりなりにも古墳時代終期まで作られ続けたかという点もその問題を解く副次的な鍵であると考えてきた。

仮説ではあるが、形の出自でなく意味的な立場によって直截に試案を示そう。筆者は、前方後円墳が秘める形の意味とは端的には交合、もっとあからさまに言えば両性器の結合とみる。むろん前方部が男根 phallus であり、後円部が女陰 vulva。このような古い時代では多くの文明で死後の「再生・復活」を願う宗教的感情が造形化されたことはよく知られているが、前方後円墳もその種の感情を共有する造形と見なせるのではないだろうか。このさい再生とは文字どおり死からの再生や来世での再生がないまぜになっているだろう。しかも交合に加え、女性側である墳丘中心部におおむね遺骸が埋葬されたのであるから、位置的には遺骸に向けて精液が放たれることになり、その意味するところはいっそう明快である。さらに、西に沈んでもまた東から昇る太陽は古来再生の象徴であったが、おそらく当時、交合の形状に加えて墳丘頂上部や作り出し部でも再生の願いを込めて御来光を拝む呪術的祭礼が執行されたかもしれない。

　男根を模したにしては前方部が末広がりの台形であって不自然ではないか、という疑問も湧くだろう。しかし方形部に関してはほかにも長方形、方形、撥型などの例もあり、とくに台形や撥型の場合、墳丘部頂上に立って前方部を眺めれば透視図法的な錯視により台形は縦長の長方形として〝実物らしく〟眼に映じるはず。大胆に言えば、古代人がそのような視覚上のトリックを弁えていたと想定することも可能ではなかろうか。このような男女交合に関わる理路は突飛すぎるように聞こえるかもしれないが決してそうではない。時代は縄文に遡るが、東京都立大学・山田康弘氏の『縄文時代の歴史』（二〇一九）によると、新潟県長者ヶ原遺跡など多くの縄文時代の遺跡から石棒（男根）が嵌った埋壺（女陰）など

挿図29　瑠璃寺前遺跡３号住居跡　長野県高森町歴史民俗資料館提供
＊右方に壷に嵌った石棒が見える

象徴的に子孫繁栄の願いを託したと思われる祭祀的遺物が発見されているそう。同類の遺物のうち典型的な例として、長野県高森町の瑠璃寺前遺跡出土品の写真（**挿図29**）をたまたま入手できたのでここに掲載した。ほかにも石棒（男根）と石皿（女陰）との組合せなどのバラエティも発見されているらしく、國學院大學の谷口泰浩氏がそのような諸事例を二〇〇六年に集成・分析したと報告されている。

しかし前方後円墳の時代と縄文時代とに挟まれた弥生時代では様相が異なり、この種の造形物や生殖にまつわる風習を示唆する遺構が検出されたことをあまり聞かない。石棒や石棒と埋甕との組合せなどはあくまで縄文の遺風であり弥生時代に引き継がれたのではないもよう。弥生時代晩期の倭人は「魏志倭人伝」によれば「その風俗淫ならず」「夫人は貞節で嫉妬しない」人々であったらしく、性的な猥雑さを嫌う人柄を備えていたように見える。主に東日本に分布する装飾過剰な縄文土器の大仰さとは異なる弥生土器のシンプルな形体感、その無文性なども通じ合う特徴であろう。そのような人々が次の古墳時代に前方後円墳という稀代の交合形体を作ったのであれば、ことは重大である。さらに吉備地方で流行ったらしい特殊器台から発展したと言われ前方後円墳の周囲に置かれた埴輪の豊かな造形性もこれと軌を一にする文化性や気質の表出とみなされよう。同族のはずなのに弥生時代人の造形のシンプルな清潔さと古墳時代人の造形の大胆なおおらかさ、――筆者にもこの大きな懸隔を橋渡しする理路が見えにくい。とは言いながらかろうじて想定できるのは、縄文との戦いにおおむね勝利したことで弥生人がそれまでの緊張やこわばりから解放され、大らかな造形を楽しめる新時代を迎えたこと。さらに言えば古墳時代とは、それでも性に関する限り現代よりは禁秘の少ない明け透けな時代であったかもしれないということ。

話を次のステップに進めると、大きな疑問として浮かんでくるのが、なにゆえに前方後円墳は六世紀後半を境に姿を消し〝八角墳〟に変わったか、さらになぜ円墳や方墳はそのままの姿であり続けられたかという問いである。そしてその〝動と不動〟の事態そのもののなかに意味を浮かび上がらせる契機が隠されているのではないかと筆者は考える。擬態する虫は動くことでその存在が知られ、敵に捕食される。筆者はそのような見張りの端くれとしてこの変化を二項対立的に捉えたうえで、この変化の原因を西紀五三八年（五五二年説も）の仏教伝来に帰したいと思う。日本が受容した大乗仏教は煩悩をはらう戒律の厳しさに関しては南アジアに拡がった上座部仏教に一歩も二歩も譲るかもしれないが、それでもそれまでの土俗的シャーマニズムやアニミズムの世界から見ると及びもつかない厳しい戒律の世界であったはず。大雑把に言えば、特に九世紀の密教伝来以前に遡るいわゆる南都六宗（なんとろくしゅう）あたりまでの宗派ではそのような傾向が比較的強かったと言えるのではなかろうか。とはいえ、むろん筆者は、当時の仏教者が「不淫」を含む菩薩戒について正確に本質を理解していた、と楽観的に語るつもりはないが。

言うまでもなく、仏教受容に動いたのが蘇我氏一族であり、反対する物部氏を倒して仏教の国教化のいしずえを築いたとされる。そのような彼らのある種求道的な眼には前方後円墳の形が秘める卑猥さはいともたやすく看取されたことだろう。つまり仏教に帰依した天皇（大王）家および蘇我氏一族は交合をあからさまに示す下品で土俗的な前方後円墳にはとうてい我慢がならなかったのではないだろうか。さきに密教について触れたので若干敷衍すると、これはタントリズム（Tantrism　歓喜仏を擁するヒンズー教の一派）の強い影響下に生まれ感情や肉体の働きのなかに悟りを見出そうする点で、静的な戒律の世界とは好一対。いまも行なわれている「千日回峰行」などの荒行を思い起こせば内省によって立つ戒律との違いは明らかなはず。七世紀後半には古墳の近くに寺院が建立される例が増えたらしいが、このさき葬儀は墓陵ではなく寺院中心に執行される時代となり、大規模古墳自体が作られなくなったという〝大きな絵〟を弁えておくことも必要であろう。

話を戻すと、仏教受容は当時このように大きな価値観の変化をもたらしたとともに聖数として先進文明的な雰囲気のある八角形への愛好をも伴ったかもしれない。また、円形や方形はもともと観念的で幾何学的な形であり、とくに方形は自然界に対応する物象を持たない。したがって前方後円墳で見るような土俗的な卑猥さが入り込めなかったことで廃絶を免れたのであろう。この推定を可能にさせるのは、繰り返しになるが、この二項対立的な動と不動との展開そのものである。ただ、方形の四隅を切ればたやすく八角形ができるとはいえ、なぜ大王陵などで後釜に八角形が選ばれたのかについて上記のように推定できても断定には至らない。なぜなら、たしかに下記の実例に見るように八の数字に好尚を示す仏教文化が墳形決定の主軸を担ったであろうが、他ソースからの早期の影響も多少検討する必要があると見られるから。例えば、仏教に先立って伝えられたらしい道教においても、例えば八卦（はっけ）に見られるように「八」を宇宙の象徴的な聖数とみなし、こんにちでも占いや相撲の「はっけよい」の行司掛け声にそのなごりを残す。あるいは占術・奇門遁甲で八門（はちもん）が重要視されることも気になるところ。また記紀神話でも八島、八咫の鏡、八岐大蛇、八咫烏、八百よろずなど「八」に関係する語彙が含まれる。その多くは「数が多い」という意味を示し、太平洋戦時のスローガン「八紘」一宇も『日本書紀』に淵源する言葉として「全世界」を意味することは言うまでもない。

ちなみに、あと先になったが、八角形に象られた御陵や墓所を摘記しておくと、第三四代舒明天皇陵、第三七代斉明天皇陵とされる牽牛子塚（けんごしづか）古墳、第四〇代天武・第四一持統天皇合葬陵、第四二代文武天皇陵などであり、みな仏教渡来後の七世紀頃明日香の地に築造された。また蘇我馬子の墓とされる同じ明日香の石舞台古墳は表土が流され横穴式石室の石組だけ残っているため八角墳とは断定こそできないものの、その可能性を捨て去ることはできない。なぜなら馬子こそ前方後円墳廃止と八角墳推薦の主唱者の重要な一人であったと推定されるからである。なお御陵以外にも「八」という数が仏教で好まれたことを示す例は数多いがそのなかでも有名どころでは、何と言っても法隆寺東院の夢殿。ほかにも法隆寺西院の西円堂、興福寺北円堂、東福寺愛染堂、また京都太秦にある広隆寺桂宮院本堂、水戸市の仏性寺本堂など。みな言うまでもなく上から見て八角形の形体をなしている。

*作業仮説4

新町遺跡出土の「少年男子の歯」

少年の歯とはいずれ永久歯に生え変わる乳歯であったはずであり、抜けた乳歯を不慮の死を遂げた戦士の亡骸の下に埋めた行為には死者の霊魂再生への祈りが込められたと見られる

糸島市教育委員会発行の資料等によって説明すると、新町遺跡は一九八六年、当時の志摩町教育委員会により発掘調査された。支石墓の上石の下から検出された遺骨が縄文人系の骨格を示すことは本文で述べたから、ここではその人骨の下に穿たれた小孔から検出された「少年男子の歯」について検討してみよう。この歯の謎についてもいまだに決定的な解釈が示されていない。現地にはこんにち「新町遺跡展示館」が開設され、磨製石鏃が食い込んだ人骨と少年の歯とが共伴した二四号支石墓もがらんどうの穴として復元されている。かたわらに説明パネルがあり、「ここ二四号墓からは成人男子の骨が出土しています。この骨の左側の太ももには磨製石器が刺さったままになっていて、この男の人が戦闘で死んだことが分かります。またこの骨の下には人頭大の穴があり、そこから少年男子の歯だけが

出土しています。このような異常な人骨の出土状況は何を物語っているのでしょうか。おそらく当時の部族間の戦争があって、この二四号墓の主が戦死したことの報復に、相手部族のまだ幼い少年の首を切って、この墓に一緒に納めたのではないでしょうか。当時は首狩りの風習が日本にもあったのかもしれません。」と記される。

当時の発掘調査報告書によると、戦死者の骨のちょうど臀部下部にあたる位置に人頭大の小孔が穿たれ、そこから問題の歯は検出されたという。パネルの説明とはやや異なり出土品は下顎大臼歯二本および上顎門歯（前歯）の破片であり、そのすり減り具合から「少年か若年（者）」の歯であったと報告されるが、少年が男子であったかどうかについては言及がない。調査者・橋口達也のレトリックを引用すれば、歯の持主は「現代の感覚でいえばまだ子供といえるような年代」と見られるそう。筆者は「少年か若年の歯」（九州大学蔵）とやらを実見していないが、古人骨鑑定に詳しい橋口達也、中橋孝博がそのように鑑定したのであるからその判断は大事にせねばならない。したがって「報復」として敵方の少年の首を切って戦士の亡骸の下に埋めたという想定も、やや突飛ながらそれなりに妥当性をもとう。しかし上掲パネルについて、なぜ首級を上げやすいという理由だけで少年を選んだか、なぜ戦士の亡骸の下にだけ埋納されたか、なぜ同じアルカリ土壌の墓壙で戦士の骨は残り少年の頭骨は残らなかったか、と三つの疑問を重ねると、ひょっとして別様の解釈オプションが可能ではないかとも思わせる。つまり、それは死者の再生復活を祈る呪術的儀礼であったかも、ということ。

戦死という不慮の死は自然死（老死、病死）と違い、一般的に遺族や一族に耐えがたい嘆きをもたらすはずであり、その苛烈な感情が死者に対する再生への祈りへと結びついたとは考えられまいか。この想定を可能にするのは、年齢を考慮すれば出土品が乳臼歯であった可能性が高く、それは必ず永久歯に生え変わるから再生復活の観念を呼び起こすのに絶好のアイテムであると見られること。一方、永久歯は一度生えたらそれが最後の歯となり、脱落すればもはや再生はない。乳歯は六歳ごろから徐々に抜け始め、奥歯が抜けるのは一一歳ごろであり、一三〜一四歳ごろまでにはすべてが永久歯に生え変わるとされる。ちなみに、一昔前まで、抜けた下顎の乳歯は屋根の上に抛りあげ、上顎の乳歯は縁の下に抛りこむ、という風習があった。むろん上下を逆にすることで永久歯がその方向に立派に生えますように、との願いを込めてである。いずれにせよ「首級」を埋めたのではなく「乳臼歯」を埋めたと考えた方が出土状況からも理路の上からも妥当ではあるまいか。

この理路にしたがえば、縄文戦士の亡骸の下に埋められた歯は敵方のものではなく、同じ集落に住む身内の少年から得られたものという真逆の想定が可能となる。つまり歯は、パネルの想定する弥生人からではなく縄文人の少年から得られたはずということ。一〇歳前後の少年は集落の中にわんさといたであろうから抜けた乳歯の調達は何の造作もなかったはず。このように、集落や一族を護るために命を落とした勇敢な戦士に対する強い哀切が再生・復活への祈りに昇華し、それが乳歯を亡骸の下に埋納する行動に結びついたとするのはごく自然な想定ではなかろうか。ちなみに、戦士とは縄文人であったことに関連づけると、山田康弘氏は著書『縄文時代の歴史』のなかで「縄文時代に存在したと考えられる死生観の一つは、再生・循環の死生観である。このような死生観はアイヌなどにみることのできる『もの送り』の思想ともリンクする。この世のものはすべて、あの世とこの世を循環すると考えるこの『もの送り』の思想は、縄文時代における根本的な死生観であった」と説く。

最後に、以上を上掲の三つの疑問に照らして手早く纏めれば、少年・若年の歯が選ばれた理由はそれが乳歯であったからであり、同様の歯がほかの墓壙から見つからない理由は共伴した人骨が支石墓群の中で唯一他と異なり勇士たる戦死者のものであったことに関わるから。また少年の頭骨が未検出である理由はそもそもそれが埋納されなかったから、と当座は総括されよう。「当座」としたのは未見の他の調査報告書などでの歯の説明が、乳臼歯の可能性を否定したうえで〝生え変わった直後〟の永久歯、と結論付けたかもしれないから。また、写真も未公表であり、その後追加調査が行われたことも聞かないため一般人は詳細を知りえないから。

西北九州人と潜伏キリシタン

西北九州人のうち最西走したグループの版図が潜伏キリシタンの版図と重なるのは縄文人の反骨精神がその後もその地で息づいていたから

この地域的一致がもし偶然でないならば、その理由として次のような歴史的事情が考えられる。まずおさらいとして日本のキリシタン史を簡略に振り返れば、それは言うまでもなくイエズス会士フランシスコ・ザビエルが一五四九年（天文一八）に薩摩に来航したことに始まる。信長、秀吉に布教を許され、諸大名や多くの平民が入信し、その後もイエズス会、ドミニコ会、フランシスコ会のカトリック系宣教師らが入れ代わり立ち代わり来日して日本のキリスト教国化につとめた。当時彼らは欧州では新興のプロテスタントと血で血を洗う宗教戦争の只中にあり、対抗宗教改革の一環として世界に教線を拡げていたが、日本では躓くこととなる。早くも一五八七年（天正一五）に秀吉はバテレン追放令を発して布教を抑えにかかり、さらには江戸に時代が変わると一六一四年（慶長一九）に家康（秀忠）はキリシタン禁教令を発布。近隣のマカオ、フィリピンに先例を見るように、ポルトガル人やスペイン人カトリック宣教師に布教を許すことで日本がそれらの国の植民地となる危険性を察知してのことであった。これにより宣教師は国内から追放され、信者は捕縛されてむりやり棄教・改宗させられ、応じなければ処刑された。島原の乱を経て表向きキリシタンは国内から一掃されたが、九州西北部にはいわゆる〝隠れキリシタン〟が潜伏し、そのことが二五〇年の時を下った一八六五年（慶応元）に劇的な〝信徒発見〟の報としてバチカンを一驚させた。キリスト者の信教の自由が認められたのは一八七三年（明治六）のことであり、以来九州最西端の地域に次々と教会が建てられ、それらがこんにち世界文化遺産に認定され、潜伏キリシタンの苦難に満ちた歴史がようやく広く知られようとしている。ここまでは誰もが知悉する話だろう。問題はここからである。

本文で倭國大乱について触れ、弥生勢力が縄文勢力を打ち負かしたと述べた。しかし縄文人である西北九州人はこの時全滅したのではない。支石墓遺構の検出状況やこれまで挙げた根拠からすれば彼らは敗れた後さらに西走し、九州最西端の臨海部や島嶼部に逃げのびていたと分かる。そのような人々の子孫の隠棲地が潜伏キリシタンの住まう版図におおむね一致するとは何と思いがけない発見であったことだろう。このような奇しき一致がなぜ起こったかを考えると、すでに作業仮説１で示したように、古くから西北九州人は畿内の大和政権に対し敗者としての恨みを秘めた敵性部族であったことがその決め手と言えよう。時は移り近世になっても、縄文人（アイヌ人）としての知性と感性のメンタリティとを遺伝子に内在化させた彼らは、矛先を新しい中央政府、つまり徳川幕府に向けても突き出したのではないか。言い換えれば、彼らが命を賭してでも棄教を拒否したのは、それが、習い性となった中央政府に対する反抗心を満足させたからではないか。

筆者はキリシタン蜂起の区々たる経過を叙述することにそれほど興味はないから南島原市役所文化財課からの聴取や各種二次資料の助けを借りての概説となるが、実際の両者のぶつかり合いを見てみよう。一六三七年（寛永一四）一〇月の「島原の乱」では南島原のキリシタンが天草の大矢野島や上天草のキリシタンの援軍をえて島原城を攻め、続く「天草の乱」ではわずか十代半ばの天草四郎時貞に率いられた別動隊が下天草の富岡城を攻めた。しかし戦局はいずれもキリシタン側に利あらず、かくなる上はと両一揆勢力は島原に合流し原城址（**挿図30**・江戸初期の一国一城令により当時すでに廃城）を拠点に籠城戦を展開。しかし三万七千余りの一揆軍は唐津藩や細川藩、福岡藩など主に九州諸藩から集められた一二万の討伐軍によって包囲され、四ヵ月後の翌年（寛永一五）二月その総攻撃に遭って壊滅した。多くの亡骸はその地に掘られた大穴に、破却された原城石垣の石材ともども抛りこまれたらしく、かつて夏草茂る現地を訪れたとき鬼哭啾々の咽びが足下から聞こえてきそうな風情があった。

挿図30 原城址 長崎県南島原市教育委員会提供 ＊本丸櫓台跡

南島原市文化財課による現地調査でこれまで一一四体の遺骨が発掘されたが、その中には刀傷とおぼしき受傷痕の見られるもの、骨格としての自然位を保たず散乱した状態のものなどが多数含まれるという。まだ調査は全域に及んでおらず今後の調査次第でさらに多数の遺骨が発見されることだろう。ちなみに一揆の主体は先述のとおり天草、島原の一部の人々であり、西北九州在住のすべてのキリシタンが原城址に籠ったのではなかった。

例えば天草下島西部のキリシタンは参加しなかったから生き残って潜伏キリシタンとして江戸時代を生き延び、明治になって美しい﨑津教会を建設した。西北九州の他の多島海地域も事情は同様であり、具体的には上述の天草下島西部のほか島原半島北部大半、長崎、西彼杵半島、九十九島、平戸、生月島などからは戦陣に参加していないもよう。しかし、みなこの惨劇を契

挿図31 マリア観音像『ウィキペディア』から転載

機に潜伏キリシタンとなり西北九州の西のはずれで観音像をマリア像（**挿図31**）とみなして礼拝するなど仏教徒を装って独自のキリスト教信仰を守り続けた。

しかしお気づきのように、ここには五島列島の名が入ってない、——潜伏キリシタンと西北九州人との重なりを見ようとするのであれば、支石墓群が各所で発見された五島列島は西北九州人の重要拠点であったはずなのに。じつは、理由を明かせば造作ないことであり、五島列島のキリシタンは禁教初期に激しく弾圧され一時は零落し、同地が再び潜伏キリシタンの島に戻ったのは西彼杵半島外海（そとめ）地区などからの大人数での移住があった一七九八年（寛政一〇）以降であるから。移住の誘因は五島列島が九州本土から遠く隔たっているため藩からの取り締まりや弾圧が西彼杵地区におけるほど厳しくないことを知る同地区外海や大野の潜伏キリシタンが大村藩主導の移住計画に便乗したからとされる。ただ、視点を変えれば、これは縄文文化を基層に持つ人々の西北九州域内での移動にすぎなかったとも言える。つまり筆者が言いたいのは、想えばはるかの往古にも西北九州人は倭人に追われて命からがらこのように五島列島に逃げて来たであろう、ということである。

以上をまとめれば、長崎県や熊本県の多島海に棄教を拒否した潜伏キリシタンが多く住まっていたのは彼らが時どきの政権に対し不屈で反抗的な人々だったことを示すだろうこと。政権が嫌うこと、政権にとって不利益なことを、見つかれば命がないというリスクを冒してでも果敢に実践してきたということである。最近の説によると、縄文人と弥生人との交流と同化とが多少なりとも始まったのは先に触れたように奈良時代頃以降であると推定されるそう。ただそこにも地域的、時代的なばらつきがあったと思われ、一律にとはいかない。おそらく外形的にはすでに江戸時代では混血が進み、潜伏キリシタンが視認できるほどに縄文人（アイヌ人）的相貌を呈することはなかったであろうが、既述した近代の家船漁民のイレズミや抜歯という縄文文化の遺風を思い合わせると上記の仮説はある程度真実味を帯びるだろう。ひょっとして彼らもかつては潜伏キリシタンであったのだろうか。彼ら漁民は一九六五年（昭和四〇）頃から法令により陸上での定住を強いられたために家船文化は消滅したらしいが、そのご子孫はいまどうしておられるのか。新たな視点による民俗学的・人類学的フィールドワークが喫緊の課題となろう、――彼らのエスニシティを正当に評価するためにも。

*作業仮説 6

思考の普遍的枠組み

刑事コロンボと探偵シャーロック・ホームズ（または探偵ポアロ）との相対立する二つの推理法（ドラマツルギー）：演繹法と帰納法

（この作業仮説は哲学と宗教学との分野に少々踏み入ることになり、やや読みにくいかもしれないので理屈が嫌いな方、宗教、哲学に興味がない方は読まれないことをお勧めする。かといって私自身はこのような分野を専門的に勉強したことがないので、これはあくまで好事家風情の書き散らしに過ぎないが）

「普遍的枠組み」とは、易しい例をとれば、アメリカのテレビドラマ「刑事コロンボ Columbo」で見られる手法を指す。これは一九六八年からアメリカで毎年二回三五年間放映され、エピソード数六九回を誇る不朽のサスペンス・ドラマで一篇の放映時間も八〇分、一〇〇分に及び、ちょっとした映画並み。日本でもNHKから日本語吹替えで放映され、絶賛を博したことは周知のとおり。すでに三回も四回も全編再放映され、筋立ては分かっているのになぜか見るたびに面白い。「刑事コロンボ」のユニークさは、冒頭で事件の全貌がドラマ仕立てで明かされるため視聴者は誰が犯人か最初から承知しており、結論ありきというわけ（ただし正確には第三七話「さらば総督」Last Salute to the Commodore を除く）。最初から犯人が分かっていては面白くない、という発想の逆をいくこのような倒叙的ドラマツルギー自体が主知的であり、ここには、旧来のサスペンスを見慣れた目からすると天地がひっくり返ったような新味がある。

コロンボ自身は、と言えば関係者との最初の〝当たり〟で言動や遺留物のちょっとした不自然さに気づくことで、やはり始めから誰が犯人かを直感し、〝見込み〟捜査によって直感を確信に変え、執拗に容疑者を追い詰めて自供を引き出す。このような直感（観）的に発見される真理としてのカテゴリー自体が「普遍的枠組み」であり、これを個々の具体的な事象の意味の解釈に適用する推理法を「演繹法（えんえきほう）deduction」と呼ぶ。したがって演繹法を駆使するコロンボには、目星を付けた容疑者がいかに虚言を弄し犯行の痕跡を偽装しようと、また捜査の攪乱を狙って次にどう偽計しようとお見通し。先手を打って容疑者がボロを出すよう仕向け、成り行きを待ち受ける。犯人は予想通りコロンボの術中に嵌り、悔しそうに「最初から僕と分かっていたようだね、コロンボ君」の捨て台詞を吐き、御用となったところでジ・エンド。つまり要は、繰り返しになるが、普遍的枠組み、つまりこの場合犯人と犯行の大枠とが「これは不自然だな」という違和感によって最初に一挙に〝発見〟されること。この違和感とはむろん生得的な、つまり生まれながらの人間本性、を当てにしての話である。言うなれば「普通ならこんなことしないよね」という感覚。

これに対しイギリスなどでは、人間は白紙の状態で生まれ、試行と挫折 trial and error という経験を積み上げることによって色が付き、発見ではなく〝発明〟を主軸として正解が、つまり知の体系が築かれるという考え。「帰納法（きのうほう）induction」と呼ばれるこのプロセス重視の思考法はイギリスの哲学者ベーコン Francis Bacon（一五六一～一六二六）によって提唱されロック、ヒュームによって広められた反プラトン的・親アリストテレス的思考。平たく言えば、イギリスの推理小説などで用いられるタイプとも言える。イギリス人作家アガサ・クリスティの生んだポアロや同じくコナン・ドイルの生んだシャーロック・ホームズなど物語上の名探偵の名前なら誰でも知っているだろう。筆者はずいぶん昔に読んだのでもう記憶が薄れているものの、彼らの推理小説こそ帰納法のロールモデル。例えば事件が起こり、だれが犯人か分からないまま名探偵が捜査に乗り出し、並外れた行動力と卓抜な推理とによって徐々に犯人像を絞り込み、視聴者（読者）もその犯人捜しの時間を共有して楽しむ。当初いかにも犯人らしく見えた悪相の人でなくとうてい犯人ではありえないと見られていた紳士淑女がじつは真犯人であった、などの大どんでん返しが待っている。「ようやく分かりましたよ、あなたですね、犯人は」で事件はジ・エンド。つまり最初は〝白紙状態 tabula rasa〟から始まるというわけ。

じつはイギリスのみならずアメリカでも概ねこの経験主義的思考法は盛んであり、偶然の経験を仕組まれた経験、すなわち〝実験〟に置き換えることで〝統計学〟と連動させ、導き出された確率によって真理、つまり有効性、を測るプラグマティズム pragmatism を発展させた。英語でプラグマティックと言えば「実用的な、実利的な」を意味するが、哲学用語としては「実用主義」と訳出されているように本来の哲学の概念からはほど遠い。むしろ科学的方法論として価値づけられる。経験主義を功利主義へと橋渡ししたのが「最大多数の最大幸福」で有名な英国人ベンサム Jeremy Bentham であったことは言うまでもない。例えば、新型ウイルスに対抗するワクチンを開発するのになるべく多くの治験者から効き目のデータを集め、それを統計学的に処理し、九〇％なり九五％なりの人に効果の確かさと副作用の軽微さとが認められて初めて新ワクチンが人々に届けられる。真理に迫るためのこの手法はむろんワクチン開発だけにとどまらず、実際に科学全般の発展に大いに寄与し、科学研究の手法としてはとっくに世界的標準になっている。

その点からすると、アメリカ人であってもむろんコロンボ（イタリア系アメリカ人の役どころ）は逆に行動力よりも思弁を大事にする演繹派。繰り返すが、まず直感し、次にその指標を個別の具体性のなかに下ろしていき先手を打ちながら最後に犯人を自供に追い込む。ただし演繹派の弱点は、正しくてもそれを言下に立証できない生得的・普遍的な〝原理原則〟の世界に立脚することで自分の考えを無謬と信じ込みやすいこと。そのため枠組みに固執し、独りよがりになり事実や経験を軽んじがち。またすべてを「定義されて在る」と観じるため、言うなれば〝変化〟も〝進化〟も〝品種改良〟も原則的には利かない。このことは、定義派の一分派とも言える共産主義圏に属した東ドイツが崩壊したとき西ベルリン市民が東側でまず目撃したのは刑事コロンボでさえ舌を巻きそうな「トラバント」なる旧式のオンボロ車であったことを思い出すだけで合点されるだろう。さらに演繹派は陰謀説に与しやすく、また人は容易に嘘をつくと知っているため他人の言葉をあまり信用せず、そのためいわば〝人が悪い〟とされやすい。また肉体的能力で見劣りがし、コロンボが着古したよれよれコートに身を包んだ風采の上がらない小男として描かれたように外見上の魅力はイマイチ。つまり「コロンボ」を演じるピーター・フォークは「ダイハード」を演じるブルース・ウイリスのようなカッコいいアクション派とは見た目でも大きな径庭があるわけ。

一方、帰納派は経験しか知のソースがないので見たり聞いたりする情報だけが判断の頼りである。他人の言葉をそのまま受け取りがちであるため、いわば〝人が良い〟とされやすい。言いかえれば、帰納派つまり経験主義者の立場からは、私たちは白紙で生まれたという意味で知の盲者。視覚障碍者が例えばゾウを知るために、ある者は尻尾を触って「ゾウとは太い紐のような動物だ」、腹を触った者は「ゾウとはざらざらした板のような動物だ」、さらには脚を触った者は「ゾウとは大樹の幹のような動物だ」と考えるだろう。人は一生を懸けてもすべてを経験することはできないから、基本的にはこのように自分の経験した狭い範囲での理解や錯誤に甘んじるしかない。また「定義」への執着が弱いためあらゆるものが可変的であり、結果として多様性を大事にする心が培われる。味はほとんど同じだが高付加価値を狙った新ブランド食材で溢れかえる〟美食大国〟が生まれるゆえん。しかし、よく考えれば分かるように多様性は、そこから最終的に「一つだけ」を選ぶための取り掛かりであり、むろん選択肢が多いほど最終決定案の汎用価値は高まる。多様性のフェーズは大事であるが、そこだけで満足すると話は本末転倒になりそうである。ことのついでに言えば、経験頼りで真理を模索する道行きの常として情報の正真性が死命を制するため、帰納派の人々から「君は嘘つきだ you are a liar」と非難されたら、それは能うかぎりで最も厳しい非難ということになろう。

ところで、いま経験における錯誤について述べたが、現代では高度なデジタル化によりデータのサンプル数、処理精度・速度が大幅に増大あるいは向上し、神のようにとは言わずとも人は〟すべて〟に近いところまで経験値を伸ばすことができるようになり、その弊の幾分かはすでに取り除かれた。上の例を使えば、ゾウを触った視覚障害者がたとえおのおの不完全な知識を得たにすぎないとは言っても、それが一〇〇人、一〇〇〇人と集まり断片的な情報を寄せあえば一〇〇%には至らずとも限りなく一〇〇%に近い真理に到達できる。かてて加えて、もし帰納に演繹の思考法を合わせ両者の〝良いとこ取り〟ができれば人智はさらに一層の高みに到達できることになりそうである。とはいえ、これは哲学的には二律背反の祖型ともいえる難題であり、平たく言えば水と油とをくっつけるようなもの。カントImmanuel Kant（一七二四〜一八〇四）以来多くがこれに取り組んだが、とどのつまり何かミステリアスな〝接着剤（物自体）thing in itself〟がなければ、両者はくっつかないと判断された。つまり、先の譬えを用いれば、箪笥categoryの前に標本があったとして、それがどうすれば抽斗（ひきだし）に入るのか、という問題である。標本自体は動かないから自力で入ることはできず、両者が一つ所に合体するには魔法か何か――キリスト教では〝聖霊holy spirit〟と呼ぶはず――をかけるしかない。何とバカな話をしているのかとドヤサレそうであるが、これは譬えであることをご諒解いただきたい。

ドヤサレついでに追記しておくと、箪笥の前に置かれた標本資料は生きて動くようであってはならない。箪笥にしまうためにはどの抽斗が適切か人は判断することになるが、標本が生きて動けば差しさわりがある。ヒグマを観察し定義し箪笥にしまうためには、例えば、体長・体高・体重など様々な項目を計測し、体温や体毛の長さなどをはかり、皮膚や体毛の色を調べ、口や鼻などの構造を調べ、場合によっては内臓の仕組み、胃の内容物まで調査しなければならない。この時この獣が生きていれば危険すぎて近寄れず、また日ごとの老化や栄養状態によって標本自体が安定しないから、適宜殺してから観察するのが良策なのである。有名な哲学者ヘーゲル Georg Hegel（一七七〇〜一八三一）が著書『法の哲学』序文で述べたように、知恵の象徴〟ミネルヴァのフクロウ the owl of Minerva〟は迫りくる黄昏とともに飛びたつ、つまり黄昏とともに始まる夜という死においてこそ活動を活性化させる。例えば生物学研究所などで蝶や甲虫などの昆虫標本がシートの上にピン止めされ整然と標本棚（箪笥）にしまわれていることは周知のとおり。先の帰納派の立場においても観察対象を箪笥に仕分けしようとすれば対象の死がその要件であるが、比喩を重ねれば、対象物を殺すには客体から距離を取り客観的・分析的に対処しようとする視線そのもので充分。むろんこのような〟突き放した視線〟は、主客混交とお涙頂戴とを旨とする芸術鑑賞や思いやりを心の糧とする日常生活においてもっとも唾棄すべきものと見なされやすい。山を知ろうとすれば山に踏み入るな、とあっては自然愛好派からもブーイングを浴びること請け合い。

蛇足ではあるが、スイスの言語学者ソシュール Ferdinand de Saussure に始まり、実存主義 existentialism を反面教師として一九世紀末から二〇世紀初頭にかけて興隆した構造主義 structuralism もこの流れを多分に受けつぎながら、当然のごとく普遍的構造という箪笥もしっかり大事にしようね、という考え。そのことは〝構造〟なる語が「箪笥」や「仕分け棚」の形として想起されることからも了解されるだろう。我田引水すれば、拙稿で一再ならず用いた「大きな絵」とはそのような問題系に根差す言葉にほかならない。

これに敢えて長々と言及したのは、考古学において用語の「定義」がまるで生きているかのように遊動していると感じられるからである。本稿で「ゴールポストがいつの間にか動いている」という譬えを使ったように、例えば弥生時代の始まりを昔は二三〇〇年前と定義していたと記憶する。しかしその後徐々に年紀が上がり二五〇〇年前に変わったと思ったら、最近では三〇〇〇年前だという。それもごく最近は^{14}C炭素年代測定値の誤差の読み方を変えたとかで二七〇〇〜二八〇〇前に再修正する話もあった。むろん開始期は北部九州で早く東北地域で遅いから実年代の話はさらに込み入るが、北部九州に限れば、弥生時代はおよそ二八〇〇〜三〇〇〇年前に始まったことになるだろうか。しかしこの地域の考古学関係者でそれを受け入れる人々は少ないと見え、まだ二三〇〇年、二五〇〇年前説を採る考古系博物館、埋蔵資料館も多い。ちなみに、例えば山口県にある基幹的な考古学博物館「土井ヶ浜人類学ミュージアム」では縄文から弥生への移行時期を二三〇〇年前と掲示する。ちなみにＮＨＫや「ウィキペディア」ではすでに三〇〇〇年前へと切り替えているようである。このように機関ごとに理解がばらばらというのが現状であろう。したがって解説プレートやキャプションで相対年代が示されてもおおよそいつごろに当たるかの幅が拡がりすぎて素人の手に負えない。

また、筆者が若い頃、縄文時代は狩猟採集の時代であり、稲作技術を携えた人々が北部九州に漂着し水田耕作を始めたことで弥生時代が始まったと学んだが、今では「縄文時代晩期にすでに水稲耕作が始まっていた」などと平気で語られる。素人目には、米作が弥生時代の指標なら、新証拠によって弥生時代の実年代が繰り上がったとすべきところを上記のように言い換えるものだから、まるで〝伏魔殿〟のなかにでもいるかのような心持になる。それに絡んで時代区分も前期、中期、後期の別だけでいいものを弥生時代では前期の前に早期を、縄文時代では前期の前に早期、草創期、後期の後にさらに晩期をくっつける。画期変更には理由があったはずとはいえ、これでは昨今の文献ですら読みづらくなること必定。また、例えば西北九州人では発掘人骨が鑑定により縄文系と判定されても「縄文系の弥生人」などと訳の分からない呼称になる。これでは縄文人か弥生人なのか分かりにくい。まるでその昔日本には縄文人、アイヌ人、渡来人、弥生人、倭人など多種族が住んでいたかのよう。糊塗されてはいても、おそらく考古学の現場ではすでに収拾がつかない状況を来しているのではないか。

言葉による定義をないがしろにする日本的心性は一体どこからくるのか。これは筆者にとって長年をかけた最重要の研究テーマであるが、おそらく私たちの心に深く染み込んだ大乗仏教 Mahayana の教えのせいであろうと目星をつけている。具体的にはそれは「空（くう）sunyata」の思想であり、インドの二～三世紀頃の高僧・龍樹 Nagarjuna が基礎づけた空の思想を核にもつ大乗仏教を日本がたまたま受容したせいであろうと考える。スリランカやミャンマー、タイなどの東南アジア仏教圏は「戒律」を奉じる"定義派"の上座部仏教（小乗仏教）進出地域であるから、世界でいま大乗仏教が栄えている国・地域は日本の他ネパール、ブータンほかチベット、台湾などを数えるのみ。その教えは西紀五三八年（五五二年説も）の受容いらい千数百年の長きにわたって日本人の心に染みいり続けた。

日本では空の思想を般若心経の教え「色即是空　空即是色」（しきそくぜくう　くうそくぜしき）という一種の矛盾律として学ぶが、「空とは何か」と訊かれて即座に答えられる人はいまい。しかし、西洋哲学を学ぶと気づくのである、「空 emptiness」には「何が空か of ～」のフォローアップが必要であると。「～」に該当するのは筆者の考えでは「定義 definition」。emptiness of definitions, ――つまり端的に言うと、日本には定義がない、言いかえれば、定義を大事にする思考法がない。定義は「～はいかに?」ではなく「～は何か?」の問いの答えとして「～は～です」という意味（能記・所記）を指示するコメントとして与えられるから、日本では古くから後者の問いが人々からなおざりにされてきたということ。「今夜の月はいかが──How?」「立待月だよ、そろそろ出るから出たら一首ひねろう」とはやりとりしても「月って何──What?」と誰も問おうとしなかった。結果的に古来月を詠んだ風流な和歌・俳句は夥しい数にのぼり、こんにち日本文化の至宝をなす。一方で科学的な天文知識を西洋から学び始めたのは一九世紀になってからであり、庶民が月とは何かを知り始めたのは幕末頃のこと。開明派の司馬江漢らが受け売りではあってもこの種の知識の普及に大きく貢献した。

以上をひとまず纏めれば、「色即是空　空即是色」の意味するところは平たく言って「モノがあふれている多様性世界とは（あに図らんや）空、空とは（あに図らんや）モノがあふれている多様性世界」とでも言い換えられようか。なぜ空が多様性と結びつくかと言えば、既述の通り、定義を欠くことであらゆる「もの」や「こと」は〝縛り〟を緩められ、その結果増殖や変成が可能となるからである。これによって似たり寄ったりの物が横並びに溢れる世界が現出する。したがって空の解釈をめぐり、実体がないこと、などと従来通りイージーに説明すると、この経文はいつまで経っても〝呪文〟の域を超えることがないだろうということ。

関連してギャグのような例示になるが、ちなみに（英語では普通であるが日本語では違和感のある）「〝何を〟思いますか？──What do you think？」が（日本語では普通であるが英語では違和感のある）「〝どう〟思いますか？ How do you think？」と日本流に発話されれば、冗談抜きで「〝頭〟で。——By my head.」としか答えようがない。またレストランで、コンビニで、デパートで、DIYショップでたとえ「これは何？」と問うても、店員は掌を商品にかざしながら答えるだろう、「これは～に〝なります〟」。筆者なら「ふーん、それじゃこれって今は何？」と返したくなりそう。また、最近では日常的な会話で「～なのでぇ…」「～みたいなぁ…」「～というかぁ…」など独特のニュアンスで言葉尻を消し、消された部分は相手の〝暗黙の了解〟頼みにする。どうやら「これは～です」という断定（定言）的なもの言いは日常会話ではご法度とみえる。しかし、日本語の文型では文末がもっとも重要であるからこれでは話者の判断が示されず、したがって「AはBである」という定義（意味付け）が完成しない。さらに言葉尻のみならず、多くの場合、主語も目的語もときには動詞も省略され、話者当人以外はだれも話の輪郭が掴めないという困った事態になる。

話を戻そう。先に（作業仮説3）仏教の戒律について触れたが、これはあくまで「空」の心を意識する修行としての教規であり、全面的に「定義派」になるためではない。大乗仏教はあくまで無自性の側に立つ教えである。ちなみに早くも奈良時代には戒律は緩み始めたようであり、その引き締めのため鑑真和上が中国から招請されたことは周知のとおり。しかしこれも短期間奏功しただけで後は元の木阿弥。鎌倉時代に道元やいわゆる「応灯関」

（おうとうかん　大応国師、大灯国師、関山慧玄）の傑僧が出て仏道における戒律の大事さを改めて唱道し、例えば、ふだん無意識裡におこなう呼吸を意識する訓練としての座禅が修行の要諦であることを教えた。その意味では彼らにおいて仏教は〝意識〟の世界に最も近づいたと言えるかもしれない。しかし残念ながら、その血脈（けちみゃく）が後代の千利休、山上宗二の処刑に見るように無惨に成敗される結末を迎えたのはいかにも無意識の横溢する国柄にふさわしい成りゆきであった。秀吉にとって喫茶とは世事をしばし忘れるための気晴らしにすぎず、お手前を〝ルールの世界〟に気づかせる手段となす流儀はやはり受け入れがたかったと見える。〝悪いお遊び〟に命を懸けた「茶湯」の大宗匠につい言及したが、この話柄は本作業仮説の許容を超えるのでこれ以上の駄弁はひかえよう。

したがってディドロ、ダランベール、ヴォルテールのような西洋一八世紀型の啓蒙主義的「百科全書派」は日本では決して内発的には生まれなかった。つまり、日本人にとって対象を理解するには、西洋のように対象を客体化し距離を取って観察するのでなく逆に対象のなかに飛び込み、それと一体化する感情移入empathyによるしかない。大乗仏教の「空」の情緒になじみ、定義（仏教用語では「自性［じしょう］」）を軽視してきた結果であり、まさしく「人は我、我は人」（空海）の世界への没入と捉えてよかろう。かくして主客の別を無くした日本人は先述のとおり多様性と混沌の渦に巻きこまれ、結果的に言葉が働かず意味の価値がなおざりにされる文化を培ったに違いない。つまりそこでは言葉が修辞（レトリック）にとどまり定義する力を持たないため、人々は常に暗い大海原を櫓櫂のない舟であてどなく漂流するような心持ちに閉ざされ、その寄る辺なさを少しでも軽減するために「縁起」（えんぎ——「寺社縁起」の縁起でない）という「救済」にすがったはず。平たく言えば、縁起の心を大事にして互いに手を繋ぎあい助けあえば、一人一人ははかなくとりとめがなくても、不安感や不安定感は和らぐではないかというわけ。

このような心のありかは諸行無常——無自性——もののあわれ——浮世（憂世）——生々流転——酔生夢死、あるいは一方で和——繋がり——絆——連帯などの美しい言葉で肯定的に語られてきたが、別の見方をすれば、これらはまさしく〝定義の価値を認めない〟心のありようを示すとも捉えられる。ちなみに慈悲の心を大事にする龍樹は、定義派である上座部仏教・説一切有部派が自性を肯定するのはいいものの「自性（確たる私）を肯定しながら縁起を説く」（一人で歩けると言いながら介助を求める）致命的矛盾を攻撃し、大乗仏教（どうせなら「無自性（慈悲）」で一本化しよう）を創始したという。話を戻そう。日本では心が独立しないいまお互いが依存しあうことで社会が成りたち、そのような相互依存性（縁起）に基づく共同体から逸脱する人、非協力的な人を「出る釘」よろしく叩く。しかし多くが忘れているらしいのは、大乗仏教においても、西洋と表れは違うが、絶対者による普遍的定義、つまり「自立した確たる私（＝自性）」への憧れが教説としては準備されていること。なぜなら仏教は修行によって六道輪廻の定めなさから解脱し、涅槃nirvanaというとこしえに安定した至高の境地に入ることができると説くからである。しかし「空」が大はやりしたせいか、不幸にも定義を求める心がことごとく門前払いにされてきた。その結果、多様性がベストの「一」を選ぶための初動フェーズにすぎないことが人々に理解されず、多様性自体が目的化されることとなった。

むろんそのような心性を承けて発達したのが、定義の外側に在って物言わぬアートまたは五感の愉楽への執着。テレビでどのチャンネルからでも「美味しい！」「旨い！」「かわいい！」と感に堪えた嬌声が始終聞こえてくるのは世界広しといえど日本くらいであろう。おっと、また本稿の許容を超えたかも。

テーマの「思考の普遍的枠組み」に即してまとめれば、筆者の強調したいのは多様で個別的な発掘成果を分別して価値づけるにはより自然で納得しやすい大きな枠組みが必要ではないかという視点。それこそが拙稿における「二系民族説」である。考古学を含む人文学は素人にとっては難儀な学びであり、その意味では、筆者のような対抗的雑学スタイルはいつ崩落するかもしれない橋の上を歩くようなもの。拙稿は理路と証拠とをかつがつ併せて提示しながらの危うい道行きと言えるが、何とか無事橋を渡り切れたであろうか。

9

あとがき

「あとがき」に代えて

縄文から弥生への遷移についての研究はその事象が、実年代としていつ、誰が関わり、どの地域から、どのような経過を辿りながら、なぜ起きたのか、といういわゆる５Ｗ１Ｈを漏れなく満たしていくことが求められる。限られた先史資料のなかでその全貌を一〇〇％把握することはほぼ不可能と言えようが、多くの考古学関係者、人類学者、遺伝子学者などのご努力により基礎的なデータなどが日々蓄積されていることは僥倖のいたりである。しかし研究の最終フェーズで必要になるのはやはり解釈であり、同じ考古遺物を前にしても人によって解釈が異なることがある。いかに科学的に見えて異論をはさむ余地がなさそうでも、学問的立場が違えば数値やデータの読み取り方も変わってくる。例えば七〇％の数値を多いと見るか少ないと見るかは人によって異なる。このような恣意性の問題を考古学ならずとも人文系の学問は常に抱えており、新説を出しても、ワンオブゼムとして多様性のなかに埋もれてしまうことも多い。しかしそこまで行けばいい方であり、本編の金印埋納地問題と似て解釈フェーズにさえ辿り着けなかった考古学的課題は山ほどもあるだろう。そのうちの一つが縄文土器の「遮光器土偶」である。近時たまたまこの土偶のメガネ様形体の意味について思い当たるところがあったので、以下に取り急ぎレポートすることで後書きに代えたい。

遮光器土偶

遮光器土偶は織物・編み物の仕事によって視力を落とした女性のために発明された縄文時代の近視矯正用スリット眼鏡

「遮光器土偶」（挿図32）は縄文時代晩期前半に青森県、岩手県、宮城県など東北地方を中心に多数制作された。その中では国宝指定の青森県亀ヶ岡遺跡出土品が逸品として一般によく知られている。岩手県立博物館考古室によると、発掘総点数はすでに一八〇〇点に上り、うち何と一〇〇〇点ほどは岩手県内で検出されたそう。多くは手足が欠損したり、切断されたりした状態で見つかっているという。また遮光器土偶の前段階の土偶も見つかっており、みなメガネを付けているが眼を見開いている例はない、とのこと。手近の「ウィキペディア」によると遮光器土偶を模倣した土偶もあるといい、発掘地は北海道南部から関東・中部地方、さらに近畿地方まで拡がるそう。縄文文化の白眉とも言える火焔型土器と並び世界的に人

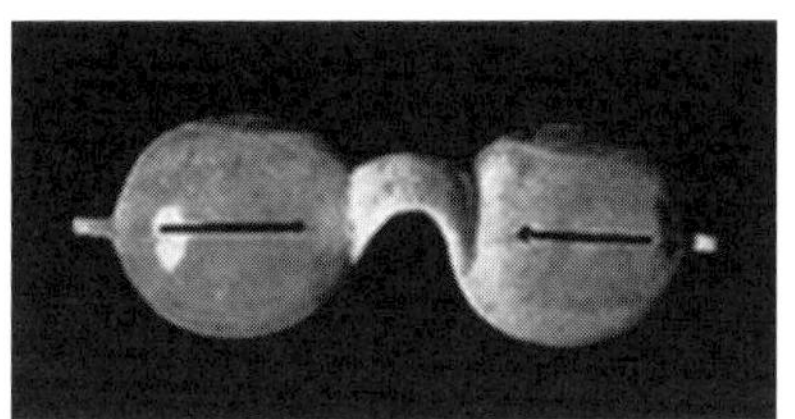

挿図33　イヌイットの遮光器
「ウィキペディア」から転載

挿図32　遮光器土偶（恵比寿田遺跡出土）
「ウィキペディア」から転載

気の高い遮光器土偶であるが、あの特徴的なトンボメガネのような形体は何であるかいまだに明快な解釈は示されていない。ウエブサイトを検索すれば、北米に暮らすイヌイットが使う形体的に似た雪用メガネ（**挿図33**）の写真が登載され、遮光器土偶のメガネは縄文版遮光器であろうと推定されるとともに名称もそこから来ていると説明される。もちろんイヌイットにとって遮光器は雪中での生活、特に男性にとってアザラシやセイウチを狙う雪上の狩猟では必須のアイテムであったはずであり、これがなければ日中の強い太陽光と雪の反射で目を傷め失明することもありえよう。今でも雪山の登山家は必ず雪用ゴーグルを着用する。

しかし問題は、イヌイットの場合とちがい縄文の遮光器土偶はすべて女性像であると鑑定されていること。それはこの土偶の胸に乳房が付いていること、太ももが大きく腰が女性らしく横に張り出していることなどから素人目にも明らか。しかし、もし雪用の遮光器であれば、狩猟はイヌイット同様男性の仕事とみられることから、遮光器土偶はすべて男性像であってしかるべき、――むろん縄文人の獲物はイヌイットと違い冬の野を駆けるウサギやシカ、イノシシなどやや小型の動物であっただろうが、それでも体格に劣る女性が礫や弓で仕留めることのできる獲物ではなかっただろう。しかも、この土偶が東北地方にしては比較的雪の少ない太平洋側の岩手県、宮城県で大量に見つかっていることを考慮すると、このメガネは遮光器ではないのかも、という合理的な疑いが生じる。

当時の正確な気象データは手に入らないから最近のデータで補足しよう。気象庁や関連自治体のウエブサイトにより東北地方の降雪量を〝平地〟で較べると、三〇年間平均（一九七一～二〇〇〇）で日本海側にあたる西半分では最大おおよそ一〇〇センチメートル以上であるのに対し、太平洋側にあたる東半分では最大でおおよそ二〇センチメートルほど。脊梁となる奥羽山脈で振り分けられた太平洋側と日本海側とでは積雪量にこれほどの違いがある。しかも国指定重要文化財が出土した恵比須田遺跡や県指定有形文化財が出土した泉沢貝塚などはそれぞれ宮城県の大崎市や石巻市の標高一〇メートル前後の低地にあるため積雪量はさらに少なく最大値で五～一〇センチメートル程度。したがってこのメガネ様形体の解釈は諸説紛々の状況を呈し、いちいち引用文献名は明かさないが、例えば、これはメガネでなく女性の美容上の配慮、つまり眼を誇張する化粧法を象ったものではないか、あるいは女性の神聖性を示す標徴ではないかなどと遮光用以外にもさまざまに取り沙汰されてきたと記憶する。証拠を提示できる状況でないから仮説だけが文字どおり仮の説としてまかり通っているわけである。しかしこのような諸説の混在状況のなかでも人は、どの説が最も説得力があるかを嗅ぎ分ける能力を備えているはず。

そこで、新たに諸説の一つになるよう、筆者は次の仮説を提示することとした。つまり結論から言うと、これは世界初の視力矯正用のメガネであった、ということ。今私たちが掛けているメガネと同じ用途で用いられたというわけである。なぜそのような考えが立論可能かと言うと、ゲームアプリや勉強のし過ぎで目を悪くした日本人なら誰でも経験したであろうように、近視（遠視も）を患い始めると人は目を細めて物を見ようとする傾向があるからである。眼を細めるとメガネなしでもたしかに対象がより判然と見える。これは筆者の経験では近視の度数に関わらず有効である一方で、何十年も昔コンタクトレンズが発明されるまでは多くのメガネ嫌いの人々の眼付きを悪くさせた張本でもあった。

それはさておき、実際すべての遮光器土偶のメガネ様装身具には真ん中に水平の切れ目が端から端まで一直線に刻まれ、眼を閉じた状態に見える。もし像主の美容上の営為が理由であったなら、古代エジプトならずとも眼を閉じた外貌では効果が半減するのではないだろうか。ここはやはり、土偶は眼を閉じているのではなく外界がよく見えるように極細スリットを切ったメガネ様木製薄板を掛けた姿を象った、と考えた方が合理的であろう。その場合にネックになる、なぜ女性像ばかりなのか、という問いに答えることはむろん必須である。その答えとして筆者は、おそらく女性だけが編み物、織物の仕事に携わったから視力を落としやすかったと推測する。男性は編み物や織物をしないかと問われれば、例外的にはありえようが基本的には女性の仕事であり、この傾向は汎世界的であると答えたい。縄文時代には早期から編み物が編まれ、晩期に向けて織物も織られたようであるが、初期的なものであっても、いずれとも複雑な技量を必要とした。

ちなみに松永篤知氏の「東アジア先史時代の編物に関する雑考」(『金沢大学考古学紀要三七』二〇一五)によると、例えば日本縄文時代の編み物ではもじり編み、よこ添えもじり編み、一条絡め編みなどの種別があり、さらに絡め材の絡め方に左右の別があると言い、決して簡単な仕事ではなかったらしい。織物も簡単な平織りから難しい網代(あじろ)織まである。手元を見詰めなければならないから女性にとって眼を酷使する辛い仕事であったと言えるはず。縄文時代の遺跡からは編み物、織物の遺物が検出されているが、カジの木やコウゾなど腐りやすい植物系樹皮繊維を素材としていたから、決して遺跡から大量に出土するわけではない。しかし縄文人が日常素っ裸で過ごしたとは聞かないから、当然編み物、織物の仕事は共同体にとって衣料にも関わる重要な仕事であったはず。

このような仕事を毎日長時間続けると近眼を患う確率は格段にあがる。統計によるとこんにちでも、長い時間教科書などに向きあう学生は、小学生で三割、中学生で五割、高校生で六割が視力低下に苦しみ、社会問題になっているそう。状況は縄文時代でも同じであったはずであり、手元仕事のせいで近視を患う縄文女性は多かったはず。あるときたまたま目を細めると通常よりはるかにくっきりと外界が見えることに気づいた才気ある女性がその効果を最大限に生かす細工物としてスリットの入った木製メガネを発明したのではなかろうか。筆者はこの矯正効果を測るため、いくつかの厚紙製メガネ型を自作し、それらにそれぞれ〇・四ミリ、一ミリ、二ミリ幅のスリットを切り検証したところ、このうち〇・四ミリ幅が最も優れた効果を発揮し、スリットが広くなると用をなさないことが分かった。さらに〇・四ミリを顔に掛けた状態で目を細めると一層高い効果が得られることも分かった。つまり上下に加え左右のモヤモヤ感も消えて外界が一層くっきりと際立つのである。しかもそれを紐で両耳に掛けたとしてもおおむね普段どおりに行動でき、決して日常生活に大きく差しさわることはない。むろんその矯正効果はこんにちのレンズを使ったメガネと較べるべくもないが、筆者（近視度〇・一以下）が試したかぎり、メガネなしではぼんやりとした白紙状態にしか見えない壁掛けのカレンダーはこのスリットメガネを掛けることで日にちの数字がかろうじて読み取られ、たしかに視力が矯正されたと実感したことを報告しておこう。

しかしこれで遮光器土偶の問題が解決されたわけではない。なぜならトンボメガネの機能について上記のとおり説明しても、何の目的でこのような土偶を縄文人は作ったのかという重大な疑問には答えていないからである。メガネを掛けた女性がいたこととそれを土偶に造形することとは二つの別々の問題。これまで土偶は祭祀や呪術具とみなされてきたが、それを覆す仮説は筆者も用意していないので当面その考えを諒とするしかない。しかし用途が解明できなければ何でも「祭祀・呪術具」で片づけていいわけではむろんない。ちなみに、このメガネの現物はむろんまだ発掘されていない。木製の華奢な細工物であったはずだから、もし視力矯正用という言い分が理路としては正しそうに思えたとしても、いつか現物が掘り出されてこの仮説が立証されることは可能性としてきわめて低いだろう。したがって仮説が増えるばかりで遮光器土偶の謎は永遠に続くかもしれない。しかし縄文人が世界ではじめてこんにちのメガネの祖型を作った可能性があることはたとえ仮説のままであったとしても誇らしい話ではないか。

◇

せっかくの後書きがつい考古学関連の記事に入れ替わってしまったが、後書き風にひと言添えれば、拙稿は当初ある考古学雑誌に投稿する予定で執筆したため原稿用紙三〇枚ばかりの字数にとどまった。しかしその後書き増しし新たに単行本として上梓することとした。したがって後掲の謝辞で福岡市博物館学芸員や福岡大学准教授のお二方にご意見をいただいたと述べるのは拙稿の分量がこの最終稿のわずか六分の一ほどの時であり、大筋の理路は示せていてもその後追加した分量を考えると正確には拙稿に対するご意見とはもはや呼べない状況であった。再度のお目通しをお願いする勇気は筆者にはなかったが、最初の分に対する（ここには採録していない）ご意見だけでも貴重であり、このような異説に対する専門家からの貴重なアドバイスとして拙稿を書き増すうえで大いに参考にさせていただいた。しかし、その後先生方から寛大にも最終草稿にやや近い段階で再度目を通していただくご承諾をいただき、それに基づいた講評を送り直してくださった。しかし不埒にも筆者はその後も書き増しを続け、朝岡氏送付時からは二五〇％、古澤氏送付時からは四〇％ほど字数を増やした。しかし増えた分はほぼすべてディテールに関する内容、文脈であったため、基本的な理路に影響はなく、したがってお二方の講評はいぜん有効である。巻末にその講評をお二方のご承諾のもとに講評1・2として採録させていただき、さらに「謝辞」で触れることになる「日本生態史観」による歴史研究者冨川光雄氏のご講評を講評3として掲載させていただいた。ひとえに、拙稿の〝立ち位置〟を計りたい読者のご参考に供するためである。

●［謝辞］

本論で用いた「二系民族説」の術語は、香川県高松市在住で日本生態史観の観点から歴史を読み解く冨川光雄氏がたまたま先行してご著書で採用しておられ、奇しくも本書で借用させていただく形になった＊。また朝岡俊也氏（福岡市博物館学芸員・金印担当）、米倉秀紀氏（同）、古澤義久氏（福岡大学人文学部准教授）からはそれぞれ懇切なご意見やご講評をいただいた。さらに北海道教育庁文化財調査係など全国津々浦々の関連地方自治体（埋蔵）文化財関係者、国営吉野ヶ里公園歴史専門員・森田孝志氏、伊都国歴史博物館館長・角浩行氏、中国語話者・後藤明恵氏、志賀海神社、奈良県立万葉文化館、沖縄県立図書館、台北駐福岡経済文化分處、台湾・客家委員會からも貴重な情報をいただいた。また各関連地方自治体から貴重な挿図用写真のご提供を受けた。最後になったが、「図書出版のぶ工房」の遠藤順子氏、遠藤薫氏からは本書の出版をご快諾いただき、出版に至る工程のみならず内容面についても貴重なご助言を賜った。遠藤薫氏については、カバーや挿図写真の撮影でも多大のお世話をお掛けした。ともに記して謝意を表したい。

◇

＊冨川光雄氏はすでに二〇〇三年五月に『卑弥呼の国』を上梓されており、そのなかで「『魏志』にある『倭國大乱』を『先住者』と『渡来系』の衝突として見直し、以後の歴史を両者の棲み分けの過程として据え直す」ことによって記紀神話も一貫的に理解しやすくなる旨述べておられる。考古学において二系民族説によるいわばパラダイム・シフトの必要性をほぼ同時的に考えていた研究者が香川県高松市におられることを筆者がネットサイトで発見したのは二〇一八年五月のことであった。何とかコンタクトを取ろうと高松市の文化財関係者など方々に電話を入れたがだれも同氏のことを知らず、やっと微かな伝手を頼りに連絡先を探り当てた。その結果ようやく同著を入手したわけである。「日本生態史観」に則り二系民族説を展開する同氏は国内で唯一筆者と思考の基本的枠組みを同じくする研

究者であった。しかし残念ながら同氏は記紀神話に力瘤を入れ過ぎているように見え、また「大国主の顔は縄文系を示す」、「卑弥呼は縄文系」など筆者には理解不能な考えをお持ちであった。筆者にとっては当面金科玉条の「金印」についても遠隔地であるせいか一切ご著書の触れるところとはならなかった。したがって本書にはご著書からの引用はおおむね差し控えさせていただいた。同氏は邪馬壹（台）国畿内説の主唱者であり邪馬壹（台）国は畿内勢力による建国であると述べるが、ちなみに筆者は本文で述べたように、畿内に邪馬壹（台）国を作った勢力は北部九州の伊都國に発し東遷のすえ畿内に定着して同国を建国したと考える。このように基本線にも多少の齟齬はある。しかし同氏の「生態史観」を筆者の「自然さ・生まれながらの人間本性」と置き換えれば、二人の思考方法自体はますます近いと言える。しかし筆者の理路は二年前にはとっくに確定しており同氏から影響を受けたのではない。偶然にも他県で同時的に似た考えで考古学、歴史学の問題に取り組んでいた研究者がおられたまでのことである。本書を脱稿してからたまたま同氏の『「日本生態史観」──「表象民俗学」の試み』他かを読み直してみたところ、「基本線は同じだな」と改めて感じ入った次第。

●［参考文献・引用文献］

拙稿では単行本や研究報告書、発掘報告書などいくつかの文献を引用させていただいたが、二系民族説という異説であることから理路として引用できるものは少なかった。そのため肯定的文脈として使えるソースについては「孫引き」も含め参考文献・引用文献等を「本論中」に書き出したが否定的文脈でしか扱えないと判断される場合にはあからさまな出典表記は見合わせた。また筆者は気まぐれな考古学ファンとして、以前から興味本位で多少の文献に目を通してきた。しかし決して系統立てて文献を読み込んできたわけではない。したがってもっと適切なソースがあったのに気付けずに下位の文献を引用してしまったケースもあったかもしれない。またそのような寒々しい状況に加えて、既読文献リストすら今回の執筆に先立って専門家のようにはきちんと整理してこなかった。したがって一般的に研究書などの掉尾を飾る引用文献や参考文献の列記は控えざるを得なかった。事情ご賢察のうえ読者には諒とされたい。

●［挿図リスト］

図版番号と名称、掲載ページ

10

寄稿

講評＊1〜3　発刊余話

朝岡俊也 氏

［福岡市博物館考古学担当学芸員］

●筆者註：朝岡氏は一九八九年福岡県生まれ。福岡大学人文学部出身。二〇一五年福岡市役所に入庁され、二〇二〇年福岡市博物館に考古学担当として赴任。なお、本講評は福岡市博物館の公式の見解ではなく同氏個人の見解である旨明記してほしい、との要請をご本人からいただいた。

「原稿、おもしろく読ませていただきました」

弥生時代の開始に伴い水稲耕作が日本列島に伝わり、弥生時代前期という短期間の間に東北地方まで急速に広がっていった（中沢二〇一七など）ことはよく知られていますが、列島人がなぜ稲作を始めたかについては実は不明確な部分があります。ご存知とは思いますが、民族学の研究では狩猟採集民のほうが農耕民よりもはるかに短い労働時間で多くの食料を得られることが明らかにされており、「大変な」農業をわざわざ取り入れた理由については単純な技術伝播ではなかったようです。これに対しては、寒冷化に伴う韓半島南部での食糧生産の減少による人口圧で押し出された人々が渡来したという意見（宮本二〇一三など）や韓半島の人々が主体となって列島に故地と同様な社会を再現し、彼らの世界を拡大するために技術を移転して社会づくりを進めていったという意見（武末二〇一一）などがあります。

弥生文化が急速に広まっていく過程を「激しい対立」ととるか「平和的な交流」ととるかという点については、弥生時代の初期から従来の列島人と渡来人が一緒に住んでいた集落が存在することは明らかにされています。例えば、粕屋町の江辻遺跡では環濠集落の中に朝鮮半島系の住居と縄文系の流れをくむ高床倉庫が共存していますし、遺物も半島系・縄文系が混在しています（武末二〇〇二）。そうした弥生時代前期の地域の中での渡来人と在来人の関係性について、近年小郡地域を扱った研究等も盛んです（山崎二〇一九など）。高地性集落についても平野部の遺跡と土器が異なるという現象は顕著でないかと思いますので、対立もあったでしょうが、（その程度については別として）同時に交流もあったことは確かでしょう。

ただし、矢じりが刺さったまま埋葬された人骨なども確かにあるので、（それが渡来人と在来人の戦かどうかは別として）戦があったことも確かです。橋口達也氏（筆者註：元福岡県教育庁文化課）は戦こそが歴史を動かす原動力といった論調であったかと思います（橋口二〇〇七など）。近年では弥生時代前期末におこったと考えられる弥生小海進が低地の集団の生活を圧迫し、集団間の軋轢を生むひとつのきっかけになったのではないかという意見もあるようです。また、下関市土井ヶ浜遺跡の墓地の分析から、在来系の人々が社会的に優位な立場をとり、外来系の人を差別していたとする意見もあります（春成二〇一七）。

形質人類学について私は不勉強ですが、北部九州では古墳時代に再び低身長化が進む現象が起きたり（古墳時代人骨の形質はアイヌに近いという話もあるみたいです）だとか、戦前から戦後には（「渡来人」があまり来ていない時期にもかかわらず）大きく形質が変化している現象が起きたりということがあるようです。たしかに縄文人から弥生人への変化は「混血」が主な原因とみてよいかと思いますが、環境の変化により形質が「変形」することも確かなので、弥生人の形質がそのまま変わらずに現代日本人に繋がるかという点については慎重になる必要があるのではないかと考えます。

さて、近年の考古学研究の傾向としても、従来は斉一的な変化として捉えられていたものについて、多様性を認めていく方向に進んでいます。研究の初めから「いろいろなものがある」と言ってしまっては何も指摘できないので、まずは何がどう変化するかを捉えるところから研究を始め、それにそぐわない事象が出てくる中で多様性を認め、その違いは何によるものなのか、地域の差か、集団の差か、環境の差か考える。当然の流れです。遺物や遺構の編年研究においても以前は「AからBに変化する」という研究が多かったのが、最近では「Aだけだった時期からAとBが共存する時期を経て、Bだけになる」という変化を意識した研究が非常に多くなってきているように思います。現代で言うとスマートフォンがかなり普及してはいますが、ガラケーを使っている人もいるのと同じようなことです。こうした点から言うと、縄文的な集団と弥生的な集団が同じ地域に併存したという視点も大事だろうと思います（ただ、縄文時代晩期の遺物と弥生時代中期の土器が併存する［筆者註：第四章の「しかのしま資料館展示品」の文脈］というのは実年代で五〇〇年近くの差がありますので、少し乱暴な気はします）。

以上、査読とまではいきませんが、いくつか考えたことを書かせて頂きました。

［あさおか　としや］

【参考文献】

武末純一　二〇〇二『弥生の村』山川出版社
武末純一　二〇一一「九州北部地域」『講座日本の考古学五　弥生時代（上）』青木書店
中沢道彦　二〇一七「日本列島における農耕の伝播と定着」『季刊考古学一三八』雄山閣
橋口達也　二〇〇七『弥生時代の戦い　戦いの実態と権力機構の生成』雄山閣
春成秀爾　二〇一七「在来人と外来人の軋轢」『季刊考古学一三八』雄山閣
宮本一夫　二〇一三「環境の変遷と遺跡からみた福岡の歴史」『新修福岡市史──特別編　自然と遺跡からみた福岡の歴史』
山崎頼人　二〇一九「無文土器系土器と集団」『九州考古学第九四号』

古澤義久氏

［福岡大学人文学部准教授］

●筆者註：古澤氏は一九八一年京都市生まれ。二〇〇四年九州大学文学部人文学科を卒業され、その後東京大学大学院人文社会系研究科修士課程修了後、二〇〇七年長崎県教育庁に入庁。東京大学大学院に戻り、博士課程を修了後、長崎県壱岐にある長崎県埋蔵文化財センターで原の辻遺跡などの発掘に携わった。二〇二〇年福岡大学人文学部准教授に抜擢され考古学を担当。著書に『東北アジア先史文化の変遷と交流』などがある。

「貴稿を拝読して」

ご高論拝読いたしました。とても文章がお上手な方とお見受けします。

また、いろいろな分野のことをよく研究されておられ、私の不勉強を恥じ入る次第です。

さて、改善点（といったら大変失礼ですし、私が言うのもおこがましいのですが）を挙げるとすると次の通りです。

一、貴台のご研究がとても多くの分野にわたるため、致し方がないのかもしれませんが、参考文献・引用文献がたくさん明示されておられますが、それでも不十分な部分がみられるようです。逐一、記しておくと、熱心な他の読者も十分に検討することできます。

二、本論の核心部分だと思いますが、弥生時代に縄文系民族と弥生系民族が併存していたという論議についてです。

弥生時代の日本列島（九州）で、当時、二つの民族が併存していたと考えるのは、少なくとも私の知る現在の考古学分野での研究では、一般的ではないのではないかと思います（一般的ではないからといって誤りだというわけではもちろんございません）。その点で、後藤様の独自のご見解ということになろうかと思います。ここのところの証明がしっかりできれば、素晴らしい内容になるでしょう。しかし、とても難しいのではないかと思います。

私が拝読した限りでは、志賀島で縄文土器と弥生土器が出土したという記述が立論の根拠となっているようですが、通常、こうした出土状況であれば、縄文時代に縄文人が暮らし、時間がたった後、弥生時代に弥生人が暮らしたと考古学者は解釈します。もし、これが同時代のできごとであると考えるためには、遺物の「共時性」が問題となります。出土状況はどうか？たとえば、一つの穴などの遺構から一緒に出土したのか？一緒に出土したとしても片方は完形で片方は破片だったのか（古い時代の遺物が新しい時代の遺構に埋没過程などで混在することは珍しくありません）？こうした問題を解決していかなくてはなりません。

縄文人的形質と弥生人的形質を具有した人骨が出土しても、その人たちが、自らを縄文人集団とか弥生人集団と規定していたかどうかというのは、人骨だけではわからないでしょう。そうしたとき、土器などを含む人工遺物の様相はどうだったのかという詳細な検討が必要となると思います。

縄文人的形質を具有する西北九州人の使った弥生土器と、弥生人的形質を具有する北部九州人の使った弥生土器には違いがあるのか、違いがあるとすれば、どれほどの差異なのか。そしてそれが民族集団として異なる程度に把握できるものなのか、といった問題を解決しなければなりません。

そもそも、考古学資料から民族集団あるいは民族体を特定できるかどうかということは、考古学分野でも古今東西を問わず議論され続け、現在でも解決の難しい問題です。もちろん後藤様の責任というわけではなく、学問分野として方法論的な成熟が未だに至っていない面があると思います。そういう意味では、我々も安易に「〇〇人」などの用語を用いるのも慎重にならなくてはならないと改めて自戒の念を強めた次第です。

かなり大きなテーマだと思います。じっくりご研究されて、結論を急がないことが、かえって最も早道のようにも感じます。若輩者が大変失礼いたしました。後藤様の今後のご研究のご進展を心より祈念いたしまして、はなはだ簡略ではございましたが、ご返事とさせていただきたいと存じます。

［ふるさわ　よしひさ］

冨川光雄 氏［「日本生態史観」によって歴史を読み解く民間研究者］

●筆者註：冨川氏は一九三八年香川県生まれ。一九六一年広島大学教育学部卒業後、郷里の公立高校で国語科教員を三六年間務められ、退職後高松NHK文化センターなどで歴史講座を担当する傍ら執筆活動にご専念。著書に『日本生態史観ノート』『表象の王国・日本への旅』『卑弥呼の国』『西郷と大久保と明治国家』（多くはKindle版に改版）などがある。「日本人基幹二系民族論」の視点から古代から近代までの多様な歴史事象の中に内なる連関を見出す語り口に特徴がある。

「年季をかけたご著作の原稿を拝読しました」

志賀島には私は個人や案内者としても三度くらい行ったこともあります。博物館の「金印」も見ました。壱岐・対馬や韓国にも行きました。

しかし私自身は「大和」の方を向いていましたので、とかく「邪馬壹（台）国」所在地の証のように見なされがちの「金印」のことは「何故あんな所から——」と人並みな疑いのままでした。しかし、福岡在住の後藤さんはさすがに見聞を重ねておられ、それを「二系民族論」として考察されています。当時は「縄文人系」の民族であった「西北九州人」が「後漢」から「金印」を下賜され、その後「弥生人」がその地を席巻しはじめ、やがてその地を出て東方へ移動しはじめたと推論されています。

福岡はもう一つの「邪馬壹（台）国」論の拠点でもあります。ただ、私の方はそれを「卑弥呼を擁した東遷」とはせず、東上東漸したその「弥生人」系の勢力が幾多の「環濠集落」や「高地性集落」を経て「大和」に至った時、「縄文人」系の原住民であった「卑弥呼」の民と出合ったことによって、戦闘もあったが、協定の後に連合し、そこでこそ「邪馬壹（台）国」が誕生した――としているわけです。しかし「日本人二系民族論」に拠る後藤さんのご見解は、よくある「九州からの東遷説」とも一線を画したものだと思います。後藤さんの関心は私と同じく、その頃から増え、東上し続ける「環濠集落群」にもありますが、その内の「高地性集落」について私は九州時代の「伊都國」の場合とは違って瀬戸内海に沿って東上する過程にある時のその集落はまだ少数派の「弥生人」によるもので、逆にすぐ海へ退避しやすい海縁の高地等に多くなっていたと思っているのです。

卑弥呼について「擁されて」（筆者註：後藤説）と「出合って」（筆者註：冨川説）の違いは小さくはありませんが、しかしその「弥生人」の集団が「大和」に至った時出合ったのがその「大和のまほろば」に居た「卑弥呼」たちの集団であったとなれば私と後藤さんとの仮説は一続きのものにもなるわけです。そして私はその時の西からの指導者は神話の「神武」ではなく後に第十代天皇とされた「崇神天皇」に当るとしているわけです。「卑弥呼を擁した東遷」とする説は今までにもありますが後藤さんの論は「二系民族論」としての「金印」や「環濠」の方にも重点があるわけです。

「金印」については後藤さんのご説明によって私は「伊都國」での民族が入れ替わった時と似通った現象として「出雲」や「卑弥呼の国」の頃にそれと入れ替わるように謎めいた埋められ方をした銅鐸や銅剣の運命を連想しました。つまり「銅」と「金」との類似もあってそう言えばどこか似ているなぁとも思ったわけです。またその頃には逆に「鉄」の需要も増え自足出来ない我が国は脅かされてもいましたから。しかし「大和」での歴史だのに後の「記紀」には「邪馬壹（台）国」も「卑弥呼」も出て来ないということは「邪馬壹（台）国」が「大和」となりにくかった原因の一つともなっていたのでしょうが、ここで早くも「卑弥呼一統」を抑え「二系」を消してそれに先だつ「純粋単一」にする為の動きが始まっていたのかもしれませんね。

そのあたりにはその直後から続く「空白」の中で「神話の神武」以後の「欠史八代」までがその時空に被せられていて見えなかった可能性があり、その後の「記紀」では後に「第十代」としてはめ込まれたような「崇神」こそが「はつくにしらすすめらみこと」（「記紀」では二人居る）となっています。この何故かダブっているような神話からまだ解明されていないその塊を除けば、そこに「崇神」と（同時代者としての）「卑弥呼」の時代──則ち本来の「邪馬壹（台）国」が現れるというわけです。これも「単一」ではなく「二系の民族論」による「立体透視」による故に可能な見方になったと思っています。──そして私はそれがまた再び「空白」になりかける頃に現れた「初期ヤマト王権」の始まりではないかとも推論するわけです。

私も今ちょうど後藤さんのこの書と並行するように『卑弥呼の国』のその後」と題するものの刊行を用意しているのですが、その場合の「その後」は「基幹二民族論」による現代に至るまでの歴史が中心になっていまして、私は呼び名はともかく「縄文人」も「弥生人」も共に消えたり亡んだりはしてはおらず、「その後」の長い歴史も交互に形成し現代人にもなっているとしているのです。

「九州での邪馬壹（台）国」は空になったが、後藤さんもかつて「西北九州」に居た「縄文人系」の民は西南九州や沖縄にも及んで行ったとされています。私はこの西北九州でのことはよく知らないのですが、これについても地の利を得た後藤さんは「西北九州」の民族と歴史のことも詳述されています。遡れば「弥生人」の進出と共に九州（島）内での「動乱」の方が列島西半分に移った「大乱」より先にあったわけで、「西北九州」もその後の延長でしょう。しかし九州全土のこととしては「隼人」の名は出ても上野原遺跡を擁する「九州南部」

という縄文人の原境については貴稿で触れられませんでしたが。

貴稿の「おわりに」にもあるように必ずしも「発掘」や「金印刻字の細かすぎる詮索」ばかりに拘らずともこのパラダイム的な私たちの「二系民族論」として見直すことによって「一貫的に見直せる」というのも長年取り組んで来た私が同感するところであります。そのためにも「重箱の隅をつつくような研究」よりも後藤さんも言われる「大きな絵」が必要なのです。筆者の真摯さや謙遜は至るところの文体にも表れています。後藤さんの論で「民族の集団的怨念」のようなものが時代を超えても受け継がれる―という風な形で説明されることが多いように、私もそのことは「関ヶ原」や、その裏返しにもなるような「幕末・維新」のところなどでも援用しました。しかし私の場合はそれ以上に（「遺伝子」とも関連しますが）全感覚的に感知される次元の「表象」としての長年にわたる収集・集積を基礎とすることによって歴史の中で対応する「二系」を説明することが手法のようになっています。

後藤さんは具体的な「歴史」の例としては九州らしく「潜伏キリシタン」にそれを向けられましたが、私はもっと南寄りの「西郷と大久保」を対象としました。後藤さんは小まめに足を運び、独力でいちいち確認しておられることもよくわかります。しかし、「邪馬壹（台）国」論にもピンからキリまであり、それが慢性的に延々と続いたのではかないません。

私に言わせればそれほどいちいち細かい「出典」に拘っていたら肝心の自分が進めなくなると思うほどです。結果からみてもそうです。(私たちの発想は全くと言ってもいいほどの新しい角度からのパラダイムです。)

私があらためて感心したのは直接高松まで来られてお会いした時にも長年に及ぶお互いの「捜査方法」を「刑事コロンボ」にたとえて大いに共感したことでした。本書ではそれをもっと詳細に分析しておられるのでくりかえしませんが。後藤さんの本職は何だったのだろうと思うほどで、「哲学者」ではないか？　と言うのが案外ではなく当っているのではないでしょうか？　それは「思考の普遍的枠組」というところでもうかがわれますが、こう書いておられるのです。「(ここからは) やや読みにくいかもしれないので理屈が嫌いな方、哲学に興味がない方は読まれないことをお勧めする——。」それは私自身もよくつぶやくことでもありますから私にはよく分かります。

「ゴールポストは動きまわり」観客も少ないのにペナルティやレッドカードがやたらに多いフィールドで私たちは競技をしなければならないのです。それらは長年にわたる私自身の思いでもありました。後藤さんには今後とも頑張って頂きたいものです。［とみかわ　みつお］

＊発刊余話 0

遠藤　薫 ［図書出版のぶ工房編集長］

●本人註：一九五四年福岡県生まれ。一九七七年印刷会社レイアウト課勤務、一九八〇年企業宣伝課勤務。一九八三年遠藤薫デザイン研究室設立、一九九一年に原田大六氏の『平原弥生古墳―大日孁貴の墓』の編纂。一九九五年に遠藤順子とともに図書出版のぶ工房を設立。一九九九年からライフワークとして伊能図と測量日誌を元に国土地理院の地図に伊能測量足跡を重ねて取材し撮影を行なった長崎街道等の写真図録集を九冊上梓。街道写真家、伊能忠敬研究会会員。

原田大六先生の絶筆『悲劇の金印』

一九八七年（昭和六二）七月、私は葦書房の久本三多氏から旧伊都國・平原遺跡の発掘調査報告書の編纂を託され、在野の考古学者・故原田大六先生（一九一七～一九八五）宅に通うことになった。神田慶也氏（元九州大学学長）、原田イトノ氏（大六夫人）、菅十一郎氏（元九州産業大学芸術学部長）、小金丸俊光氏（前原町助役）、井出將雪氏（郷土史研究者）の皆さんから成る編集委員会は毎週土曜の午後から夜九時まで。通いは二三五日を数えた。考古学の門外漢だった私にとっては集中講義の日々が続いた。福岡の仕事場に戻ると、すぐに発掘された古代鏡などの図版の仕上げと本文編集に取りかかり、平日は通常の仕事もあったため、休みなど殆どない生活が四年四ヵ月の間続いた。

発掘調査報告書は一九九一年（平成三）十一月『平原弥生古墳――大日孁貴（おほひるめのむち）（アマテラス）の墓』の題で葦書房から上梓された。Ｂ４判上下二巻、厚さは合計八センチで装幀のクロスは古代錦色に金箔押しの納得の仕上がりであった。それから一五年後の二〇〇六年（平成一八）に、平原遺跡から発掘された内向花紋八葉鏡（八咫の鏡／直径四六・五センチメートルの世界一の大鏡）を始めとする鏡の全ては国宝に指定され、現在、伊都国歴史博物館で展示されている。

発刊の翌月、編集委員会から原田先生絶筆の『悲劇の金印』の編纂に誘われた。参加すると自分の性格からして、また考古学にのめり込むことになるのはわかっていた。迷ったが辞退した。

『悲劇の金印』は、絶筆のままとなった最終第十一章を検討の上、取りまとめられることになった。原田先生が第十一章に記されたのは、左記の四行のみである。

第十一章　悲劇の金印

1、奪取された国王権

2、金印の隠匿

3、処刑されたか、奴国

『悲劇の金印』の巻頭に、神田慶也先生が書かれている。

《……何かの折に、「原田先生が」ちょっと拙宅に立ち寄られた時、「金印のことについて」「あれはどうも殺されたようだ」と一言、捨て台詞を吐かれた。それだけで話は続かなかった。原田先生の葬儀後、絶筆原稿を井出將雪氏より見せられたとき、題が『悲劇の金印』とあって絶句したが、また、「そうだったのか」という思いもあった。……》

《……一番問題の第十一章については、原田先生は悩みに悩んで、ついに筆をとられることなく世を去られた。……本書巻末に「第十一章を考える」という文章を、原田先生の生前の言葉や思い出とともに附け加えて読者の参考に供することにした。……》

『悲劇の金印』が、未完のまま学生社から発刊されたのは一九九二年（平成四）の夏である。

◇

それから時は経ち、二〇二〇年（令和二）の五月、後藤耕二氏から私に『二系民族説で読み解く金印の謎』出版の相談があった。最初は六〇枚ほどの内容であったが、その後、八回の書き増しを経て最終稿は二五〇枚に近い本著に落ちついた。

「漢委奴國王」の金印は、志賀島で発見された。その後は亀井南冥による鑑定書『金印弁』を端緒に、読みや由来、真贋について、多くの研究者が各論を展開してきた。一八九二年（明治二五）に三宅米吉氏が、金印に刻まれた「漢委奴國王」を「漢（かん）の委（わ・倭）の奴（な）の國王」と読んだのが通説となり、その後はそれをスタート地点として、金印をもらった「倭」の「奴」の国とはどこか、という論争が多く展開され続けている。

後藤氏は、日本人がいわゆる縄文、弥生の二系民族であると考えれば、金印を含めた先史的事象の謎がとけるのではないかと閃いた。

そもそも金印を受贈された「漢委奴國王」の「委奴」とは、文字を持つ人々（大陸側）が、文字を持たない人々（古代日本側）が発していた自分たちを指す単語を表音記号としてあらわしたものなのではないか。すると、漢から命名されたと思われる「したがう」「遠方」という意味合いをもつ「倭」の国からいったん切り離して考えるのが筋なのではないか。

そして、後藤氏の閃きは、邪馬台国の卑弥呼が「親魏倭王」印を受けた西暦二三九年を遡ること一八二年、西暦五七年に九州の縄文人（アイヌ人）が金印を受けてのち、二系の戦いの激化とともに金印は平地から山麓へ、山麓から山中へと居場所を変え、最終的には山中を出て志賀島に落ちついたと結論づけた。

本居宣長は「金印は熊襲あたりの蛮族が漢に朝貢の見返りに受けたものであろう」と述べ

ていたが、国学者ゆえの解釈とレッテルが貼られ、それ以上の検証が進むに至らなかった。そこに後藤氏の説の出現である。

原田大六先生の推論「あれはどうも殺されたようだ」の「あれ」が、逃亡途上にあった金印の受贈者だとしたら、金印だけがそこに埋められ志賀島から他の出土品がほとんど出なかったのも納得がいく。

また、「委奴」の「委」と「奴」は別の概念を持つものなのか、「委奴」ひとくくりで民族または国名を指すのかという説にもひとつの有力な方向性が見出せる。

刻まれた「漢委奴國王」の読みのスタート地点を変えて眺めれば、あらたな金印の姿が見えてくる。本書をきっかけに、金印とはなにか、受贈者は何者か、なぜ志賀島から出土したのか、等の議論がさらに深まればこれに越したことはない。

原田大六先生の研究に関わってから三十年の時を経て、編集者として再び金印に出会うことになったことに運命の力を感じる。

〔えんどう　かおる〕

【参考文献】
原田大六　一九九一『平原弥生古墳──大日孁貴の墓』葦書房
原田大六　一九九二『悲劇の金印』学生社
橋本　潔　二〇〇三『アイヌ語で解く──「魏志倭人伝」』小学館スクウェア
井出將雪　二〇一四『日本国家の起原と天孫降臨』海鳥社

後藤耕二（ごとうこうじ）

一九四八年大分県佐賀関町（現・大分市）生まれ。九州大学文学部卒業後、地方の美術系博物館勤務のかたわら一時コミュニティカレッジの非常勤講師などを勤める。美術品を美よりも意味として鑑賞する楽しみを広宣するかたわら哲学、宗教学、芸術学、歴史学、考古学、語学、古文書・篆刻文字解読などを興味本位に独学。退職後、年来の「雑学」の成果を刈入れるため著述活動を始め、先ず『古賀春江研究』（二〇一一）を上梓。画家・古賀春江はシュルレアリストとして知られるが実態は真逆の概念主義者（反芸術の人）であったことを明証しようとした。金印の謎に挑む本書はライターとして二作目。

「二系民族説」で読み解く金印の謎

ISBN978—4—901346—69—6

二〇二一（令和三）年三月二十日　初版第一刷発行

著　者　後藤耕二

発行者　遠藤順子

発行所　図書出版のぶ工房

〒八一〇—〇〇三三　福岡市中央区小笹一丁目十五番十号三〇一

電話　福岡（〇九二）五三一—六三五三　郵便振替　〇一七一〇—七—四三〇二八

造本設計　遠藤薫デザイン研究室

印刷製本　モリモト印刷株式会社

定価はカバーに表示してあります。乱丁・落丁本は小社あてにお送りください。送料小社負担にてお取り替えいたします。